私域社群运营

从入门到精通

赵纤青　戚泰◎著

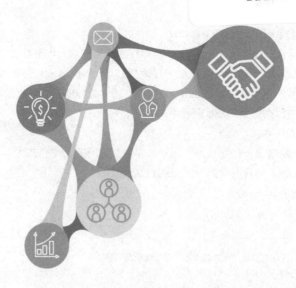

北京大学出版社

内容提要

本书按照基础知识、实战干货、案例拆解的方式,对私域社群运营整体内容进行讲解,一步一步地带领读者理解什么是私域社群运营,私域社群运营的方法有哪些,怎样才能做好私域社群实战。

本书共有 10 章,主要内容包括什么是私域流量、私域流量运营的分类、社群定位和私域 IP 打造、私域的引流、社群活动的策划和执行、社群促活留存和成交、私域流量的裂变增长、私域运营数据复盘、案例拆解等。

本书将私域社群运营的理论基础、思维方式、运营方法、实际经验结合起来,内容通俗易懂,实用性强,读者能够快速了解私域社群运营,并根据书中的方法进行实际的私域社群运营。本书适合想学习私域社群运营的在职人士,私域社群运营岗位的从业人员,以及想做私域流量的相关人士参考和阅读。

图书在版编目(CIP)数据

私域社群运营从入门到精通 / 赵纡青,戚泰著. —北京:北京大学出版社,2023.5
ISBN 978-7-301-33901-5

Ⅰ.①私… Ⅱ.①赵… ②戚… Ⅲ.①网络营销 Ⅳ.①F713.365.2

中国国家版本馆CIP数据核字(2023)第062648号

书　　　名	私域社群运营从入门到精通	
	SIYU SHEQUN YUNYING CONG RUMEN DAO JINGTONG	
著作责任者	赵纡青　戚　泰　著	
责任编辑	王继伟　孙金鑫	
标准书号	ISBN 978-7-301-33901-5	
出版发行	北京大学出版社	
地　　　址	北京市海淀区成府路205号　100871	
网　　　址	http://www.pup.cn　　新浪微博:@北京大学出版社	
电子邮箱	编辑部 pup7@pup.cn　　总编室 zpup@pup.cn	
电　　　话	邮购部 010-62752015　发行部 010-62750672　编辑部 010-62570390	
印　刷　者	三河市博文印刷有限公司	
经　销　者	新华书店	
	720毫米×1020毫米　16开本　13.25印张　237千字	
	2023年5月第1版　2024年5月第3次印刷	
印　　　数	6001—8000册	
定　　　价	69.00元	

未经许可,不得以任何方式复制或抄袭本书之部分或全部内容。
版权所有,侵权必究
举报电话:010-62752024　电子邮箱:fd@pup.cn
图书如有印装质量问题,请与出版部联系,电话:010-62756370

Preface
前言

私域是因为流量成本越来越高而火起来的,它是一种以较低成本反复触达用户的方式,所以很多企业都需要好的私域操盘手(简称"操盘手")来帮它们运营私域项目。但好的操盘手千金难求,因为私域项目接不过来也做不完,这也就意味着,市场对优秀的操盘手的需求量很大。

为什么那么多人想做私域,那么多社群运营人员,却很难有一个好的操盘手呢?

原因其实很简单:操盘手需要具备多项能力,包括社群搭建能力、敏锐的数据分析能力等,会管理社群的人(即基础社群运营人员,并非操盘手)并不一定具备这些能力。

那么,怎样才算是一个好的操盘手呢?他们与社群运营人员的区别是什么呢?

社群运营为执行岗位,私域操盘为统筹、搭建的管理岗位,这就是主要的区别。

单纯的私域社群运营人员只会执行一些基础的、某些范围内的私域社群运营工作,并通过经验进行简单的调整和优化,而不会主动创新和探索更有效的方法。而操盘手懂得从多个方面去提升、优化社群的运营能力,并且能够管理、培训整个运营团队,搭建整个私域流量体系。

学会了如何做私域操盘,其实就等于学会了做私域项目搭建、引流、转化、裂变、使用工具、数据分析等方面的知识和技能,所以做私域流量运营必不可少的就是操盘手。未来市场上，私域必将需要大量优秀的操盘人才，以及大量的社群运营人才。

其实，在很多企业或组织中，社群运营人员被赋予了操盘手的角色或职责。但优秀的操盘手可遇而不可求。

笔者调查和走访了上百名操盘手以后，发现了这样一个共性：优秀的操盘手需要具备9种能力，即数据分析能力、活动营销能力、广告营销能力、团队管理能力、使用工具能力、多类目搭建能力、文案设计能力、选品包装能力和沟通协调能力。

本书是一本注重实用性的私域社群操盘运营书，按照基础知识、实战干货、案例拆解的方式，对私域社群运营整体内容进行讲解，一步一步地带领读者理解什么是私域社群运营，私域社群运营的方法有哪些，怎样才能做好私域社群等。本书不仅有理论和案例，更有社群服务搭建架构、复盘拆解等实操内容。笔者希望读者通过阅读本书，能够快速地提升社群运营能力，了解私域社群运营的实操方法，获得更多关于私域的整体项目框架的搭建思路。

在此，非常感谢笔者的家人对笔者创作本书的支持，也感谢付杰、高旻靓、李东辉对本书内容的建议和贡献。

温馨提示：

本书附赠资源可用微信扫一扫右侧二维码，关注微信公众号并输入本书77页资源下载码，获取下载地址及密码。

资源下载

Contents 目录

第 1 章 什么是私域流量

1.1 私域流量的定义 / 002
    1.1.1 私域流量核心关键词 / 002
    1.1.2 腾讯公司对私域流量的定义 / 003
1.2 私域流量的发展史 / 004
    1.2.1 传统流量（媒体）时代 / 005
    1.2.2 互联网流量（媒体）时代 / 005
1.3 私域流量与商业营销 / 007
    1.3.1 现代商业对消费者运营的要求 / 007
    1.3.2 口碑营销是私域流量运营的基石 / 010
    1.3.3 私域流量的商业机遇 / 012
    1.3.4 品牌理想状态是公域流量私域化 / 013
1.4 私域流量的行业总览 / 014
    1.4.1 私域流量运营主体 / 016
    1.4.2 私域流量运营框架 / 017
    1.4.3 私域流量运营生态服务商 / 017
    1.4.4 私域流量运营面临的行业挑战 / 017

第 2 章 私域流量运营的分类

2.1 实体店拓客 / 021
    2.1.1 实体店拓客的案例背景 / 021
    2.1.2 如何进行项目准备和策划 / 022
    2.1.3 如何执行实体店拓客方案 / 025

2.2 社交电商 / 028
　　2.2.1 社交电商的案例背景 / 028
　　2.2.2 如何进行项目准备和策划 / 030
　　2.2.3 如何执行社交电商方案 / 031
2.3 社群团购 / 033
　　2.3.1 社群团购的搭建框架 / 034
　　2.3.2 社群团购项目策划的关键点 / 036
　　2.3.3 运营一个社群团购项目的关键环节 / 038
2.4 知识付费 / 040
　　2.4.1 知识付费的案例背景 / 040
　　2.4.2 如何进行知识付费项目的准备和策划 / 041
　　2.4.3 如何执行知识付费项目方案 / 044

第 3 章 社群定位和私域 IP 打造

3.1 社群的结构 / 051
　　3.1.1 常见的社群结构类型 / 051
　　3.1.2 匹配适合的社群结构及相关的注意事项 / 053
3.2 社群的定位 / 054
　　3.2.1 社群定位 5W 法 / 054
　　3.2.2 如何找准社群定位 / 056
　　3.2.3 举例说明如何做社群定位 / 059
3.3 私域的 IP 打造 / 060
　　3.3.1 IP 的打造方法 / 060
　　3.3.2 如何运营私域 IP 朋友圈内容 / 062

第 4 章 私域的引流

4.1 从哪里引流到私域流量池 / 070
　　4.1.1 线下流量引流 / 070
　　4.1.2 平台流量引流 / 072
　　4.1.3 私域裂变流量引流 / 074
　　4.1.4 IP 流量引流 / 075
　　4.1.5 商业品牌流量引流 / 079
4.2 如何引流到私域流量池 / 082
　　4.2.1 引流工具的准备 / 082
　　4.2.2 引流内容的准备 / 083
　　4.2.3 引流渠道的准备 / 085

第 5 章
策划好一个私域社群活动

5.1 私域社群活动的类型 / 090
    5.1.1 裂变活动 / 090
    5.1.2 促活活动 / 092
    5.1.3 品宣活动 / 093
    5.1.4 到店活动 / 095
5.2 私域社群活动策划的准备工作 / 095
    5.2.1 用户定位和用户画像分析 / 096
    5.2.2 活动资源安排和统筹 / 097
    5.2.3 确定活动目标和操作方案 / 097
    5.2.4 活动标准作业流程 / 098
    5.2.5 活动的项目管理计划 / 100
    5.2.6 私域社群活动案例 / 102

第 6 章
执行好一次私域社群活动

6.1 社群活动执行的物料组织 / 110
    6.1.1 活动执行的物料准备 / 110
    6.1.2 活动执行的工具准备 / 111
6.2 社群活动执行的人员组织 / 111
    6.2.1 如何做好团队的分工 / 111
    6.2.2 如何做好团队的协作 / 114
    6.2.3 如何开好社群活动的培训会 / 116
6.3 如何做好一个操盘手 / 119
    6.3.1 需要具备的基本素质 / 119
    6.3.2 需要具备的能力 / 120

第 7 章
社群促活留存和成交

7.1 如何促进社群活跃 / 125
    7.1.1 促进活跃的目的 / 125
    7.1.2 促进活跃的方法 / 126
7.2 如何做用户留存 / 131
    7.2.1 用户留存的基础理论（RFM 模型）/ 132
    7.2.2 用户金字塔模型 / 132
    7.2.3 用户生命周期的管理 / 134
7.3 如何做成交 / 137
    7.3.1 促进用户成交的方法 / 137
    7.3.2 社群成交的因素 / 139
    7.3.3 社群发售的基本步骤 / 140

第 8 章
私域流量的裂变增长

8.1 什么是裂变增长 / 146
    8.1.1 裂变增长的理论基础 / 146
    8.1.2 裂变增长的重要性 / 148
    8.1.3 裂变增长的载体 / 149
8.2 裂变增长的方法 / 152
    8.2.1 转介绍 / 153
    8.2.2 拼团 / 160
    8.2.3 砍价和助力 / 161
    8.2.4 邀请有礼 / 161
    8.2.5 任务宝裂变 / 162
8.3 裂变增长的案例 / 164
    8.3.1 任务宝裂变案例 / 164
    8.3.2 邀请有礼裂变案例 / 166

第 9 章
私域运营数据复盘

9.1 数据复盘是什么 / 172
    9.1.1 数据复盘的理论基础 / 172
    9.1.2 数据复盘的重要性 / 173
    9.1.3 数据复盘指标（私域电商行业）/ 173
9.2 如何做数据复盘 / 178
    9.2.1 私域项目常用的系统及工具 / 178
    9.2.2 私域项目数据复盘的方法 / 182

第 10 章
拆案例

10.1 美妆门店直播社群成交案例 / 186
    10.1.1 案例背景 / 186
    10.1.2 案例方案关键点 / 186
    10.1.3 案例数据复盘 / 191
10.2 母婴电商私域成交案例 / 192
    10.2.1 案例背景 / 192
    10.2.2 案例方案关键点 / 193
    10.2.3 案例数据复盘 / 199
10.3 水果零食门店私域拓客裂变案例 / 200
    10.3.1 案例背景 / 200
    10.3.2 案例方案关键点 / 200
    10.3.3 案例复盘总结 / 203

第1章
什么是私域流量

本章主要知识点

◇ **私域流量**：有真实感、可控触达、反复触达、有参与感、精细化运营的线上流量。

◇ **私域流量发展史**：私域流量从互联网诞生时就有了，只要有互联网流量，就存在私域流量，每一个互联网平台就是一个私域流量体。

◇ **私域流量商业化**：私域流量和商业营销产生了大量的反应，特别是口碑营销，是在私域流量运营里被大量使用的基础营销方法。

◇ **私域流量行业生态**：私域流量的行业生态蓬勃发展，品牌方、流量方、运营方、工具方都有大量的新公司在私域流量的生态里发展壮大。

目前消费者的消费习惯正在改变,约79%的消费者过去1年从私域购买过商品,其中45%的消费者不止一次购买,80%的消费者会分享。

如今,流量在变化、环境在变化,口碑传播没有变,商业的本质也没有变。产品一直通过更高效的方式匹配供给侧和需求侧,同时通过品牌占据消费者的心智。

本章将阐述私域流量的定义、私域流量的发展史、私域流量与商业营销,以及私域流量的行业总览。

1.1 私域流量的定义

这一节要解决的主要问题是:到底什么是私域流量?

1.1.1 私域流量核心关键词

市场上对私域流量的定义五花八门,笔者结合多年的会员和社群项目经验,得出了图1-1所示的几个核心关键词。

图1-1 私域流量关键词

(1)**真实感**:私域流量的沉淀与转化的核心是信任。无论是品牌的粉丝,关键意见领袖(KOL)、网红或艺人的粉丝,公众号或内容号的粉丝,还是商家微信、社群里的用户，他们的转化与交易都是以信任关系为基础进行的。信任是通过真实性来积累的。

（2）**可控触达**：用户可以直接与品牌或商家进行连接，品牌和商家可以直接触达用户，而且可以自由地选择与用户触达的频次和内容，并且不用通过中间平台进行广告付费就可以触达用户和向用户展示产品。

（3）**反复触达**：私域流量沉淀在品牌或商家自己建立和运营的各种平台内，品牌或商家几乎可以没有限制地重复进行激活、触达与转化，不仅不限次数，而且触达更高效，成本更低。

（4）**参与感**：私域流量体系下，用户可以顺畅地参与品牌沟通，双方可以实时交流、互相影响，降低信息不对称的可能性。双方的直接交流更有助于商家按需进行研发、及时获得反馈、优化供应链和优化用户体验等。

（5）**精细化运营**：公域流量就像自来水公司；私域流量就像在自家院里打井，需要有人经常清理井里的树叶，维护井绳、水桶等工具。同样的道理，私域流量不能以短期收割的逻辑运营，它需要长期积累用户的信任、用户数据，对用户进行持续经营和精细化运营，以深度挖掘用户的全生命周期价值（Life Time Value，LTV）和需求为目标，完善用户分层管理与用户生命周期的设计，重构品牌和用户的交互体验，以和用户交朋友为目标运营用户。

1.1.2　腾讯公司对私域流量的定义

对于私域流量，由腾讯营销洞察（TMI）与波士顿咨询公司（BCG）联合出品的《抢滩私域新战场：2021中国私域营销白皮书》中是下面这样定义的。

◎ **私域流量**：品牌自有的、可开展个性化运营的用户资产。
◎ **起点**：品牌可主动地反复触达、唤醒用户。
◎ **途径**：影响力由用户进一步扩散。
◎ **目标**：结合运营手段，应用用户数据，实现精细化营销。
◎ **方法**：能够掌握用户数据，精准分析用户行为。

私域按触点的不同可以分为以下两类。

◎ **微信触点**：微信公众号、微信个人号、微信小程序、朋友圈、微信群、视频号。
◎ **其他触点**：品牌自营APP、品牌自营官网、品牌电商客服等。

在现阶段社会发展的过程中，私域流量已经成为品牌影响消费者的重要路径之一。它主要有以下特点。

- **渗透率高**：私域触点在中国的渗透率约 96%。
- **黏性强**：中国消费者平均每天花在手机上的时间近 6 个小时，其中私域触点为 1.5 个小时。
- **易习惯**：约 42% 的消费者已经养成使用私域触点的习惯。
- **影响大**：约 74% 的消费者的消费决策受私域内容的影响，受口碑和干货影响最大。
- **交易频繁**：约 79% 的消费者过去 1 年在私域购买过商品，其中 45% 的消费者不止一次购买，80% 的消费者会分享。

总体而言，在利用好私域流量后，商家与用户之间的触达与交流更加方便，但是私域流量的运营也需要商家真正为用户提供有价值的产品和服务，与用户建立信任，并通过精细化的流量运营，实现高效拉新、高转化率、高口碑、高裂变、高复购的闭环，不断挖掘用户的长期价值。

1.2 私域流量的发展史

下面将带领大家一起了解私域流量的发展历程。

笔者刚工作的时候，第一任部门经理 Samson 开了第一个部门会议，讲的第一句话就是："这个世界唯一不变的就是变化本身。（The only constant is the change itself.）"

后来笔者在阿里巴巴集团官网的"文化和价值观"中也看到了类似的话：

"唯一不变的是变化——无论你变不变化，世界在变，客户在变，竞争环境在变。我们要心怀敬畏和谦卑，避免'看不见、看不起、看不懂、追不上'。改变自己，创造变化，都是最好的变化。拥抱变化才是最独特的 DNA。"

流量世界和商业世界都发生了哪些变化？哪些本质没有变化？为什么从 2020 年开始，"私域流量"这 4 个字似乎人人都在讨论？

流量的本质是人流，是大众关注力的体量，同时需要有合适的媒介作为流量的载体。

1.2.1 传统流量（媒体）时代

较为古老的流量载体是集市和城邦。那个时候印刷术还没有普及，大家靠的是进城逛集市来交流信息和进行商贸活动。

印刷术开始普及后，大众媒体获得了官方默许。中国在明代中后期出现了民间报房印刷的《京报》，纸媒开始进入寻常百姓家。可以说只有老百姓都能看到的印刷品才有流量的意义，西汉时期官方内参性质的印刷品姑且不算大众媒体，因为它没有流量意义。

20世纪初，美国人发明了广播；1923年，中国无线电广播公司的广播台首次在上海播出。广播这个新媒体开始抢纸媒的流量，那个时代的信息传播，90%从广播这个渠道获取流量。

既然音频信号可以广播，那么视频信号是不是也能广播？抱着这个想法，人们又发明了电视机：图音并茂的新媒体形式自然又抢了广播这个媒体的流量"蛋糕"。中国的电视流量真正商业化主要是从按不同频道、时段的收视率来竞标广告开始的，投入的广告费用为线下招商和线下渠道输送流量，同时也借各电视频道进行品牌背书。那个时代的商业供给十分有限。

各国广播和电视行业的运营管理逐步规范化和集中化，与此同时出现了用户体验问题，比如广播收听和电视收视单向性问题。

1.2.2 互联网流量（媒体）时代

2000年前后，互联网浪潮滚滚而来，互联网技术颠覆了传统媒体。互联网技术带来了双向可交流，并且几乎零成本的可无限增加频道的新流量模型和新媒体体验。短短20多年，中国互联网快速经历了几个关键时期，无论是人才、技术，还是用户体验，都已经成为世界互联网应用领域的领头者之一。

1. 门户论坛元年（1998年）

PC（个人计算机）屏幕开始抢占电视屏幕，并诞生了几个门户论坛头部公司，比如大家耳熟能详的新浪网、搜狐网、天涯社区、网易新闻；还有无数慢慢消失在大众视野里的公司。那个时候只要架设好服务器，找几个技术人员，再找一批内容编辑，就是一个大的流量入口。1997年全国网民约有62万人。

2."搜索为王"元年（2000年）

以 Google 和百度为代表的搜索引擎技术开始进入市场，激发了人们主动找寻答案的激情。而且主动搜索关键词的背后是天然精准的流量，进而衍生出了 SEO 和 SEM 两大搜索流量转化运营体系，让 Google 和百度成了那个时期最大的流量广告公司。京东和阿里巴巴的商品搜索也是一样的原理。1999 年，腾讯 QQ 上线运营。2000 年，全国网民约有 1690 万人。

3. 移动智能元年（2007年）

如果说在 PC 互联网时代，浏览器是网站的流量入口，那么在移动互联网时代，智能手机和应用市场则是所有应用的入口。2007 年第一代 iPhone 2G 发布，乔布斯为全世界带来了真正意义上的智能手机，把手机真正变成了移动互联网的流量入口，拉开了 APP 经济的序幕。2011 年 5 月 26 日，中国央行正式发放了首批第三方支付牌照，拉开了移动支付作为"新基建"的序幕。2007 年，全国网民约有 1.62 亿人。

4. 社交媒体元年（2009年）

PC 互联网时代，个体影响力还不是主流，是社交媒体的出现让每个普通人都可以变成自媒体。2009 年新浪微博上线，像风暴一样席卷了整个中国互联网，同年 B 站成立；2010 年小米成立，同年美团成立，并充分利用了微博的流量红利；2011 年知乎成立，快手成立，微信上线运营；2012 年今日头条上线运营，滴滴上线运营，有赞成立；2013 年小红书成立；2016 年抖音上线。社交媒体发展到今天已经全面视频化、直播化。在 2008 年，中国网民数量成为全球第一，约有 3 亿网民。

5.（微信）私域流量元年（2015年）

很多人都说 2020 年是（微信）私域流量的元年，但成立于 2015 年的拼多多等"玩家"就是利用微信提供的私域流量基础设施进行流量的裂变、增长和转化的，所以 2015 年才是真正的私域流量元年。国货新消费品牌的代表品牌——完美日记成立于 2017 年，在流量端也充分利用了"公域+私域"的组合打法，进行了初期的起盘。发展到今天，完美日记的私域流量池资产已经成立了独立的私域品牌——完子心选。2015 年，全国网民约有 6.8 亿人。

> **注意**
>
> 私域流量从互联网诞生时就有了,只要有互联网流量,就存在私域流量,每一个互联网平台就是一个私域流量体。微信私域是整个互联网流量体系里被腾讯单独拿出来的,提出了私域流量营销,之后抖音也提出了抖音私域的白皮书。

截至 2020 年 6 月,中国网民规模约达 9.4 亿人,互联网普及率达 67%。公开的财报数据显示,2020 年快手平台上促成的电商商品交易总额(GMV)达 3812 亿元,同比增幅达 540%。反观传统媒体,2019 年 TCL 发布了相关数据,受智能手机和智能平板电脑的影响,电视机的日均开机率从 2017 年的 70% 降到了 30%。从显示的数据可以很明显地看出,传统流量(媒体)和互联网流量(媒体)平分秋色,互联网流量(媒体)甚至有超过传统流量(媒体)的趋势。

1.3 私域流量与商业营销

上一节讲述的是私域流量的发展史,本节将解析在商业世界变迁的过程中,私域流量和商业环境相互作用发生的反应。

1.3.1 现代商业对消费者运营的要求

商业世界的变迁过程如图 1-2 所示。

2000 年以前	2000—2015 年	2015 年之后
加盟店、品牌商、代理商、直营店	线上电商·线上客群 线下零售·线下客群	交易在线化 ⇌ 门店体验化
通过区域代理、线下门店进行拓客	线上电商、线上流量、线上交易 线下零售、线下客流、线下交易	线上、线下无界客群

图 1-2 商业世界的变迁过程

2000年以前,品牌商通过区域代理商、门店代理商、线下门店进行市场拓展。

2000—2015年,品牌商开始一边在门店继续获客,一边在线上平台通过运营获客,二者独立运营。

2015年之后,品牌商开始探索线上、线下的互通,并直接运营消费者。直接运营消费者最有效的方式之一就是运营私域流量。

1. 商业环境的变化

以前,典型的商业品牌故事是下面这样的。

品牌商先提供某个品类有优势的产品,比如20世纪80年代的上海永久牌自行车。然后在传统媒体上铺天盖地打广告,告诉大家这个产品是个大品牌,从而为产品营造一种有利于销售的氛围。接着按区域进行线下招商,给门店按货架模式进行铺货。门店一般会入驻线下的大型商场。

2015年之后,品牌商开始在天猫、京东上开品牌旗舰店,进行线上铺货,或者进行线上代理分销。

在这种情况下,品牌商品一般会通过代理商渠道流转到终端消费者的手上,因此品牌商一般接触不到终端消费者。如果是低频产品,基本上就是一次性的买卖。

现在,商业环境正在发生巨大的变化。

线下房租逐年提升,平台电商的广告引流投产比逐年不理想,市场上同类产品日益增多,不管是线下商场的货架,还是线上平台的货架,都越来越不够用了。消费者在商品上停留的时间越来越短,年轻消费者的流量触点转到了手机端。手机端千人千面的流量分发平台已经成为标配。

在这个人人都是自媒体的时代,通过直播,人人甚至都是一个电视台,流量比过去任何时候都更碎片化,移动支付和物流配送比过去任何时候都更方便。

在不同的阶段,人们的消费行为也发生了改变。消费的发展历程如图1-3所示。

图1-3 消费的发展历程

图 1-3 对应消费端经历了以下 3 个阶段。

1990—2005 年是消费行为普及阶段，这时的供给端都是大品牌、大渠道，通过大媒体进行推广，比如小霸王学习机在央视黄金时段的推广。

2005—2015 年是消费行为升级阶段，这时的供给端出现了小而美的品牌，出现了新媒体推广，出现了一些新渠道，比如御泥坊通过线上成就了一个新品牌。

2015 年至今是消费行为分层阶段，这时的供给端融合了线上和线下的优势体验，出现了全域媒体宣传方式，比如完美日记的线上起盘、线下布门店的做法。

2. 善于利用私域流量运营的成功案例

面对新的商业环境时，有越来越多的 DTC（直接面向消费者）品牌出现，比如国内的独角兽公司——小米、完美日记；国外的独角兽公司——Warby Parker 等。

这些品牌都有统一的特性，比如选择高颜值的创新类产品进入市场，显著地优化成本结构，追求极致的性价比；擅长数据驱动的增长黑客式营销模式；通过算法、内容和社交快速建立信任关系；选择用使命价值观的品牌打造路径，同时通过真实感和参与感获得用户的认可等。

DTC 品牌非常清楚与消费者的直连关系是他们成功的关键，这绝不是一次性生意，他们希望不断与消费者建立关系。

流量在变化，环境在变化，商业的本质没有变化。产品永远通过更高效的方式匹配供给侧和需求侧，同时通过品牌占据消费者的心智。

特别是在数据驱动的互联网私域流量时代，只有直接触达消费者，才能有更多的数据给品牌方/平台方，以便更精准、更高效地匹配供给和需求，进而开展精细化的增长黑客式的营销模式，如京东消费大数据（见图 1-4）。反之，如果没有这些关于消费者的大数据，传统经销商模式的品牌则很难有效地判断消费者的需求，反应也会比较慢。

同时，没有哪种方式比私域流量运营能更快更久地占据消费者的心智。例如，小米与"米粉"交朋友的参与感，让消费者"想得起"；盒马鲜生的店内用户下单必须用自有"盒马"APP，让消费者"触手可及"；瑞幸咖啡的 180 万私域用户，其中 60% 为活跃用户，让消费者"想得到"。这些现代商业的新品牌都是通过私域流量来占据和强化消费者心智的，并且取得了很好的效果。新消费品牌的心智战如图 1-5 所示。

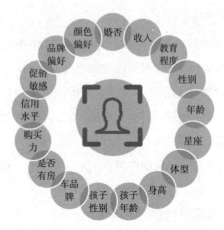

图 1-4　京东消费大数据（源于京东网站）

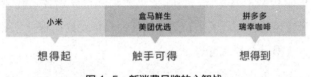

图 1-5　新消费品牌的心智战

1.3.2　口碑营销是私域流量运营的基石

流量在变化，环境在变化，口碑传播是变化中不变的。

没有互联网的时代，就是靠口碑传播的；有了互联网，特别是有了类似微信这样的熟人社交基建工具之后，信息传播速度提高了100倍以上。

说到口碑传播，就不得不提口碑传播的经典营销方法论：国际公认的口碑营销的5T原则。

安迪·塞诺威兹拥有多年营销经验，他在《做口碑》一书中，通过5个T字母开头的英文单词，给出了非常清晰的关于口碑营销分析的框架和步骤。

（1）谈论者（Talkers）：是口碑营销的起点。

首先需要考虑谁会主动谈论你，是产品的粉丝、用户、媒体，还是员工、供应商、代理商。这一环节涉及的是人的问题，角色设置。

目前的口碑营销往往是以产品使用者的角色发起的。其实如果将产品放在一个稍微宏观的营销环境中，那么还有很多角色可以成为口碑营销的起点。

另外，企业的员工和代理商的口碑建立同样不容忽视。

（2）话题（Topics）：给人们一个谈论的理由。

口碑营销的话题可以是产品、价格、外观、活动、代言人等。其实口碑营销就是一个炒作和寻找话题的过程，总要发现一点合乎情理又出人意料的噱头，让人们尤其是潜在用户来说三道四。

对于话题的发现，营销教科书中已经有很多提示，4P（产品、价格、推广、渠道）、4C（顾客、成本、便利、沟通）等都可以作为分析和发现的工具。方法大家能学到，而关乎效果的却是编剧的能力、讲故事的水平。

（3）工具（Tools）：如何帮助信息更快地传播。

常见的传播工具有网站广告、病毒广告、博客等。网络营销给人感觉较具技术含量的环节也在"工具"这一部分，这不仅需要对不同渠道的传播特点有一个全面的把握，而且广告投放的经验对工具的选择和效果的评估也有着很大的影响。

此外，信息的监测也是一个重要的环节。从早期的网站访问来源分析，到如今兴起的舆情监测，口碑营销的价值越来越需要一些定量数据作支撑。

（4）参与（Taking Part）：书中的"参与"是指"参与人们关心的话题讨论中"。

"参与"就是鼓动企业主动参与热点话题的讨论。其实网络中从来不缺话题，关键在于如何寻找与产品价值和企业理念相契合的接触点，也就是接触点传播。如汶川赈灾事件，王石和王老吉都算是口碑事件的参与者，但结果截然相反。王老吉作为当时还不出名的一个凉茶企业直接捐赠一个亿，因此受到大众追捧，当年销售额一举突破了100亿元人民币。而万科董事长王石则表示，"万科捐出200万是合适的"，遭众网友指责甚至谩骂。

（5）跟踪（Tracking）：如何发现评论，寻找客户的声音？

这是一个事后监测的环节，目前很多舆情监控公司都开始提供这方面的服务。相信借助工具，很容易发现一些反馈和意见。

但更为关键的是，知道人们已经在谈论你或者他们马上准备谈论你，你会怎么办？参与他们的话题讨论，还是试图引导讨论？抑或置之不理？比如DELL（戴尔）公司就实时监控Twitter上的产品口碑和舆情，并参与舆论引导，甚至进行销售推荐和转化。

以上5T基本符合私域营销的口碑营销模型。深度理解5T原则，对理解私域流量运营有非常大的帮助。

1.3.3 私域流量的商业机遇

从互联网发展的20年来看，第一个10年形成了搜索类、电商类、社交类三大超级流量平台；第二个10年诞生了至少两个方向的超级流量平台。互联网红利期如图1-6所示。

图1-6 互联网红利期（2019年Quest Mobile发布的移动互联网数据报告）

2019年下半年Quest Mobile（北京贵士信息科技有限公司）发布的移动互联网数据报告显示，月度活跃设备数量增速下滑明显，设备数已经基本见顶，而人均用户时长增速也在下滑，整体用户时长朝头部APP集中。

20年前，几乎一切流量与商业机会都在门店。品牌方只需要完成高质量的选址，把门店开在人流量大的地方，就有飞速起盘一场生意的可能。

10年前，流量与商业机会转到了淘宝，桌面互联网和移动互联网的兴起，首次迁移了整个消费场景。当淘宝端积攒了巨大的流量后，足以辐射出一系列的"淘系品牌"，其中以三只松鼠、韩都衣舍、御泥坊等为主要代表。

近几年则是抖音、快手、B站、小红书中的KOL崛起，是社交媒体公域流量的兴起。流量机会已经迁移到了抖音，以及一众新锐社交媒体、内容平台。而社交媒体中一定也会有许多精通社交媒体流量获取的品牌杀出重围。

随着公域流量增长见顶，超级平台进入零和博弈阶段，超级平台的流量成本也变得越来越高，因此超级流量平台对品牌商家的营销费用也是水涨船高。

品牌商家不得不重新思考自己的经营逻辑，必须有自己的私域，培养一批忠实的客户粉丝，沉淀在品牌自己的"鱼塘"中。这样一来，今后品牌便不再受限于超级平台，品牌私域中的客户属于品牌自己可以掌握的客户资源，随时可触达，随时可营销,最终通过品牌专业的私域运营,形成第一手的客户洞察,为品牌业绩带来第二增长曲线。

2019年底全球暴发的新冠肺炎疫情,进一步加速了品牌打造私域流量的节奏,与超级流量平台之间形成了良性的共生共赢关系。

例如,2020年第一波疫情过后,餐饮行业典型的品牌西贝莜面村率先利用企业微信搭建了自己的私域流量体系,组织员工建立企业微信社群,在社群里和消费者进行亲切互动,并创新地以"售卖新鲜食材"作为品牌新的盈利点。这一创举,成功帮助西贝莜面村快速恢复到了正常营业状态。

另外,文峰大世界私域项目从2019年6月开始筹备。他们对整体员工进行培训,整理门店专柜产品资料,将产品上架到电商平台,从而实现在线营销。当时制定2020年的目标是8000万元,结果疫情来了以后,他们在2~3月就把这个任务完成了。之后他们又重新制定了一个1.5亿元的新目标,到2020年9月也完成了。后来他们将目标调整为2亿元,没想到也超额完成。同时他们还发现,线下有7亿元的交易额和私域达成的2亿元的交易额有关联性,从而通过私域充分抵御了疫情带来的冲击。

1.3.4　品牌理想状态是公域流量私域化

谈论私域流量的同时,一定不能忘记公域流量,公私联营才是新品牌的主流方向。从公域的微博、B站、小红书、抖音等领域进行流量留存,导入个人或者企业微信社群,通过社群运营筛选优质的精准VIP和会员客户,最后进入达人的管理中,这就是品牌理想的状态。公域私域流量联营的示意图如图1-7所示。

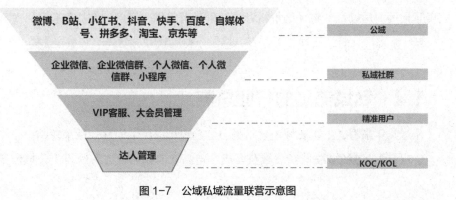

图1-7　公域私域流量联营示意图

公域流量是流量世界的主要部分；私域流量是流量世界的有效补充和公域流量的沉淀。在互联网的世界里，私域和公域是相对的。基于此，我们发明了一个新词汇，叫"流量相对论"。以淘宝平台为例，对淘宝来说，淘宝平台是它的私域流量池；但对于品牌方来说，淘宝平台就是品牌方的公域流量池。

以完美日记为例，其战略是先在小红书通过 KOC（关键意见消费者）尽可能提高品牌曝光量；然后在天猫公域开设品牌旗舰店，同步将公域流量全部导入私域；将私域流量这个根据地打下来后，才进军天猫的"618""双 11"购物节；最后才进行线下门店铺设。

目前的品牌流量体系搭建方法中，品牌商家私域流量池如图 1-8 所示。

图 1-8　品牌商家私域流量池

承接公域流量的优秀私域流量运营必须具备 3 个核心：以 IP 为灵魂，以运营为骨架，以内容为血肉。也就是说，搭建工具不是目的，用户运营才是根本。而理想的状态就是：内容开花，运营结果。

这样运作成功的案例已经数不胜数，比如孩子王、欧莱雅、喜茶，以及早期的完美日记等。后续章节将详细解析私域社群运营的优秀案例和实战经验。

1.4　私域流量的行业总览

从近几年来看，中国私域流量市场整体趋势可以用下面几句话来总结。

◎ **品牌公域私域联营**：公域获客成本走高，因此品牌方纷纷投入公域流量私域化运营中。私域流量资产归品牌方所有，不仅可反复触达，而且维护成本低，甚至永久免费。

◎ **消费者私域消费增长**：消费者在私域消费的场景越来越多，约79%的消费者表示过去1年在私域完成过购买，其中45%的消费者会增加购买频次，80%的消费者表示会分享。

◎ **私域基建日益完善**：自建原生数据中台斥资巨大，企业微信与配套管理工具帮助企业实现低成本用户数字化管理。

◎ **品牌用户管理能力急需提升**：以用户为中心的时代，对品牌用户管理能力的要求不断上升，品牌方必须进行精细化运营，以吸引消费者的注意力并影响消费者的购买决策。

表1-1所示为中国私域流量行业的运营生态全景。

表1-1 中国私域流量行业的运营生态全景

私域流量运营主体					
国内品牌	国际品牌	零售商	自媒体	主播、网红	其他
完美日记	Nike	百丽	醉鹅娘	—	个人门店
私域流量运营框架					
流量来源	流量池	私域流量运营			交易转化
广告流量	个人微信和企业微信	内容运营	活动运营	用户运营	电商平台
内容流量	社群	社群内容	新品活动	用户画像	直播平台
其他流量	门店导购	"种草"内容	促销活动	用户标签	自有渠道
明星代言	公众号	公号内容	线下活动	个性触达	其他渠道
流量引入，私域沉淀		流量激活+运营转化+裂变复购，无限次重复触达			
私域流量运营生态服务商					
流量平台	营销服务	SaaS	供应链	MCN	代运营
微信，抖音	巨量引擎	有赞	1688	遥望	宝尊

从表中我们能够发现，私域流量运营主体其实是多样性的，国内品牌、国际品牌、零售商、自媒体、主播、网红等都可以成为私域流量的运营主体。私域框架中，有不同的流量来源使整个流量池能够沉淀以及转化交易。在私域流量运营生态体系

里，有非常多的服务商存在，有广阔的市场机会和非常好的前景。

1.4.1 私域流量运营主体

私域流量的运营已经在线上、线下品牌商、零售商、自媒体 KOL、主播、网红、中小门店、电商小卖家、个人经营者等各类业态中广泛地展开。

对于品牌商和零售商而言，私域流量是其降低流量成本、进行精细化运营的有效渠道。品牌商与零售商常年受制于高昂的广告成本、渠道成本及电商平台成本，但在私域流量体系下，通过与用户的自由触达，他们得以有效降低获客成本，同时能够建立自有的用户数据库，更好地优化产品与供应链。除此之外，私域流量还能帮助品牌商或零售商实现用户分层管理、精准营销、流失用户激活、用户数据分析等精细化的运营。

目前，很多线上、线下的品牌商和零售商均通过私域流量运营获得了十分可观的增长。例如，美妆国货品牌完美日记，通过建立私域流量，以朋友圈、社群的方式反复触达顾客，用直播、大促、抽奖等方式形成转化或复购，已经成为美妆品牌私域流量运营的典型代表。

2020 年的特殊时期也促使很多线下品牌加速开启了私域流量的运营，如西贝莜面村、全棉时代、良品铺子、屈臣氏等众多线下品牌纷纷开始了线上私域的运营，通过微信、小程序、直播、社群等方式进行线上销售。

对于自媒体、主播及网红等 KOL 经营者而言，私域流量是他们自带的属性。他们是流量的经营者，通过各类内容吸引粉丝，形成自己的私域流量池。

他们的流量变现方式可以分为自营和带货两种形式。自营性质的 KOL 作为卖家，是在自己的私域流量内形成商业闭环。而带货性质的 KOL 一般会选择与第三方商家合作，这种情况下，他们的私域流量对于第三方商家来说实际上是公域流量，如知名直播电商主播带货。商家通过带货性质的 KOL 卖货，并承担相应的流量成本。

除此之外，众多中小门店、电商小卖家、个人经营者等均可以进行自己的私域流量运营。通过微信等工具沉淀用户，以高频的运营增强相互的黏性，反复地触达、转化这些自有的私域用户。

例如，不少个人经营者基于自身社交关系发展用户群体，通过服务商获得供应链支持，在自有私域流量池内进行销售。这样的模式不但能帮助一些特殊群体解决灵活就业的问题，还能帮助品牌商完善供应链，清理库存，激发实体经济的活力。

1.4.2 私域流量运营框架

私域流量运营的典型流程可以总结为流量引入和流量运营闭环两大部分。流量引入是指私域流量运营主体需要从公域和其他私域持续地引入流量，而流量运营闭环是指私域流量从流量激活、流量运营、交易转化、分享裂变到复购达成的闭环流程。品牌和商家可以通过打造这样的闭环流程来实现持续的增长，并且形成高复购率、高客单价的稳定用户池，不断挖掘用户的终身价值。运营的每个环节都有大量的私域流量运营生态服务商提供这个环节的落地执行功能。

1.4.3 私域流量运营生态服务商

私域流量运营生态链服务场景丰富，各类厂商提供的工具和服务能帮助商家更高效地进行私域流量的运营。私域流量行业目前已形成比较完善的解决方案，各大平台的入局也加速了整个私域流量生态体系的成熟。

品牌或商家在流量运营平台配合营销服务供应商，通过平台账号运营和广告投放为品牌从公域引入私域流量。商城类和 SCRM（社交化客户关系管理）类的 SaaS 服务供应商主要为品牌或商家提供交易管理、用户管理等各类服务工具。供应链服务商主要为中小私域流量运营主体提供供应链支持。MCN 机构主要为达人、主播、网红等 KOL 提供服务，帮助他们连接供应商、品牌客户，并且提供培训、管理、公关等支持。而代运营服务供应商主要是为品牌或商家提供店铺代运营、品牌代运营、直播间代运营等托管服务，帮助他们提高私域流量运营部分环节上的效率。

此外，物流配送、云服务、数据分析等服务的供应商可以为私域流量的运营提供相应的支持服务。

1.4.4 私域流量运营面临的行业挑战

在私域上，机遇和挑战同时存在。私域流量运营面临的六大挑战如图 1-9 所示。

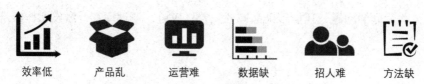

图 1-9　私域流量运营面临的六大挑战

- **效率低**：私域导流效率低，获客成本高。
- **产品乱**：私域渠道产品品类策略跟不上。
- **运营难**：运营难度大，私域用户不活跃。
- **数据缺**：粗放式运营，缺乏数据支撑决策。
- **招人难**：自建团队，找不到合适的运营人才。
- **方法缺**：私域运营打法模糊，很多弯路重复走。

总体来看，私域流量运营行业在发展中逐渐成熟，整个运营流程的各个环节逐渐成熟，各流量平台的生态建设与规则建设也逐渐规范。此外，私域流量运营并不适合所有商家，商家需要结合品类、规模、人才储备等方面的因素来决定是否开展。开展之后，后续的持续运营也需要匹配对应的运营资金，这样才能创造用户的长期价值。

第 2 章
私域流量运营的分类

本章主要知识点 ▶▶▶

◇ 筹备实体店拓客的 3 个阶段：准备阶段、执行阶段、结束阶段。

◇ 社交电商：一种综合社群、团长、商城的社群模型。

◇ 社群团购成功的影响因素：挑选爆品的能力，对社群感受的程度，招商的能力和对团长的服务能力。

◇ 做训练营的注意事项：A/B 测试、打磨课程内容、复盘。

实际做私域流量运营的过程中,因为私域属性和运营方式的不同,需要对运营模型进行分类。

不同种类有不同的搭建框架。比如1V1销售注重朋友圈和销售话术,社群团购注重产品的迭代和团长的招募,门店私域则重视拓客和用户维系。

不同品牌搭建自己的私域团队需要使用不同的方法。

不是所有私域的搭建都需要精细化的方式,那么品牌该如何判断自己的业务适合哪种方式呢?这就需要负责人有一定的经验或者框架思维,能够在理解顶层的逻辑以后,不管是操盘哪些类型的方案,都能得心应手。

表2-1所示为不同私域流量运营的搭建重点和营销方式。

表2-1 不同私域流量运营的搭建重点和营销方式

社群模型	搭建重点	营销方式
社群团购	团长招募和激励、内容"种草"、产品选择、客户维系	拼团、邀新裂变、团长排名激励
门店拓客	获客成本、爆款选择、升单体系、发售"剧本"、朋友圈营销、导购员赋能及分利润	引流选品、分佣机制、裂变诱饵
门店私域	到店成本、店长或老板IP、朋友圈营销、社群运营、活动运营、导购员培训及分利润	霸王餐、抽奖、助力、红包手气、秒杀、拼团、限时折扣、直播
电商私域	引流转化方法、数据监测、用户标签分层、激活转化、社群成交、内容营销、商城搭建及产品选择	任务宝、拼团、体验官、测评、直播等活动营销
品牌私域	引流转化方法、数据监测、IP打造、内容"种草"营销、社群运营	品宣活动、渠道发声、KOL筛选、体验官、活动营销、直播
知识付费	获客成本、SOP(标准作业程序)转化体系搭建、服务课程内容、交付满意度	训练营、IP赋能、课程直播、任务宝、资料引流
社交电商	团长赋能、分佣体系、培训体系、产品宣发内容、团长裂变	团队激励排名、限时活动、秒杀拼团、直播
微信直营1V1	IP人设、朋友圈营销、私聊话术设计、产品套餐设计、团队培训、销售培训	会员活动、限时优惠、折扣套餐、福利推荐、老带新

私域流量的运营不仅包括实体店拓客,还包括对用户生命周期的管理。本章将

以实体店拓客、社交电商、社群团购、知识付费为例，拆解私域社群运营的整体流程和执行方法。

2.1 实体店拓客

如今，在做私域社群中，实体店拓客是一个需求量很大的市场。实体店作为线下的流量载体，更需要私域社群的赋能。"线上＋线下"的门店新零售、新电商，是未来实体店生存的标配。

因此，通过学习实体店拓客案例，可以了解实体店拓客的重要性、实体店拓客的技巧，从而深入理解私域拓客的运营步骤和环节，形成实体店拓客的闭环方案。

2.1.1 实体店拓客的案例背景

实体店拓客是私域社群营销中常见的一个场景。一个实体店从筹备到开始营业，对更多客人进店消费的需求会越来越大。而对于所有实体门店来说，社群营销可以帮助门店拓展用户来源，并通过老带新、转介绍等方式为门店带来更多的精准用户。

下面将通过拆解一个实体店的实操案例来了解如何做实体店的拓客项目。

项目背景

某宝宝游泳和产康机构要做一场实体店社群拓客活动。该机构的10家店铺位于二线城市的各大商场中，有一定的客户数量。用户画像是孕妈、宝宝为0~12个月的妈妈，店内主要项目为宝宝游泳和产后康复。以用户充值套餐为主要盈利方式，以往该机构是通过美团平台体验套餐及地推获客。每个店铺微信的客户数在1000人左右。

项目要求

举办一场店庆活动，通过店庆活动将客户拉入社群，成交后到店进行卡项消费。

2.1.2 如何进行项目准备和策划

对于这个实体店而言,一般都有一些基础的老用户,这些基础老用户在什么情况下会拓展新的用户,或者将该实体店推荐给自己的朋友呢?通常是在有社群活动的情况下。社群活动能够让老用户更快速地转介绍和推荐,并且能够集中成交,这对于实体店来说是一个非常方便和划算的营销方式。

策划关键词:客单价高、充值升单、导购员激励及培训、用户转介绍裂变。

案例中门店因为客单价较高,需要及时动员导购员来进行销售,所以对店内服务人员的激励必不可少,这样后期升单的空间才能更大、效果才会更好。但是该门店导购员的文化水平有限,关于活动方案,需要先对其进行培训,告知其操作方法。

门店拓客利用的是人性中贪婪、虚荣、炫耀等心理,去做分享和裂变的转介绍。因此,在做活动方案时要尽量多考虑人性、人的心态,并设身处地地想一想如果是自己,会不会有兴趣参加。如果能打通这个关键节点,方案的营销效果一般会比较好。

策划方案的时候,重要的是如何利用好门店现有的资源(如果没有,那么可以用地推、线上投放等形式获取流量),进行用户的二次分享裂变或转介绍。基于社群的多层裂变会产生波纹效应,从而达到1+1>2的效果。

一般来说,一个实体店拓客项目的筹备分为3个阶段:准备阶段、执行阶段、结束阶段。下面通过产康实体店拓客的整体流程(见表2-2)来看一下不同阶段的执行要点。

表2-2 产康实体店拓客整体流程

实体店拓客的筹备流程		实体店拓客的执行要点
准备阶段	项目背景调查	首先要对项目背景进行调查,明确项目背景,以便更好地了解门店需求
	门店情况调查	对门店客流、位置、客户消费能力、产品项目价格、店员情况等进行调查
	用户情况调查	门店邀约用户到店进行访谈调研,了解用户需求
	活动目标确定	活动目标是构思初步方案思路的核心资料,需要详细说明
	资源匹配情况调研	个人号资源:××个个人号用户(××个活跃用户) 企业微信:企业微信沉淀用户××人 公众号资源:××个粉丝(××平均阅读量) ××粉丝社群:社群用户数××人

续表

实体店拓客的筹备流程		实体店拓客的执行要点
准备阶段	明确活动方案	确定活动主题、活动方式、活动内容、活动目标
	选择活动产品	考虑用于活动方案且作为"诱饵"的资源有哪些,具体的活动形式是什么,设计引流品、裂变品、活动品、扩展品等
	SOP方案撰写	社群活动流程中的话术及时间点,如通知客户的话术、发布红包的时间、发布公告的时间等
	人设打造	对参与活动的账号进行头像、签名、朋友圈封面的设计和改造
	朋友圈内容撰写	朋友圈的发布内容:做个调查、互动点赞、公布活动、限量限时、活动火爆、参与有奖、感恩回馈、追单返场
	海报设计	对门店张贴的宣传物料、朋友圈发布的海报、社群活动所需的海报进行设计
	宣传文案撰写	对宣传活动的文案进行撰写
执行阶段	客户服务手册	针对客户的提问、异议等进行手册撰写,保证活动顺利进行
	店员培训	企业微信加粉、养号操作培训,加粉利益点和话术不同版本测试,门店要如何吸粉
		如何在吸粉后打标签、打造高势能人设,如何打造24小时成交的朋友圈
	物料发布	最终确定海报、宣传易拉宝等宣传物料的制作时间和周期
	工具准备	提前准备活动工具,可使用个人微信或企业微信的裂变工具、客户管理工具、成交工具
	微信准备	准备好参与活动的个人微信或企业微信,保证微信可正常操作,实名支付认证且绑定手机号
	建群准备	先创建好活动社群,把参加活动的官方账号及店员拉入社群内
	活动安排	运营目标量化,业务落地关键环节拆解,各项任务分配到人,安排执行时间,确认资源及预算需求
	风险防范	对所有员工、活动账号进行事先检查,避免新账号、未绑卡实名账号操作;对裂变工具及时进行测试,避免工具出现问题
	线上活动执行	根据SOP方案执行项目
	活动数据分析	对活动数据(如进群率、转化率、活跃度等关键指标)进行分析
	及时调整复盘	及时反馈活动的进展情况,若临时出现问题,则需要及时对活动方案进行调整
	回复用户问题	对客户各种反馈问题及时进行回复

续表

实体店拓客的筹备流程		实体店拓客的执行要点
结束阶段	线下门店承接	客户现场转化升级，设计升级方案及话术，成交方案培训，设定成交活动激励政策
	转化升单裂变	升单策略执行、店内转化后发圈或发群重新裂变转介绍
	活动数据复盘	对整体活动的数据做详细复盘和分析，验证是否达成活动目标

实体店的整体拓客因需求不同，也被称为社群发售、社群爆破或者社群快闪。

实际的社群运营是通过调研整体的门店情况、分析用户画像、盘点现有用户的数量和渠道资源，进行初步的员工沟通和项目规划，按照引流—起群—裂变—促活—成交—追单的方式进行。

需要注意的是，每个环节都需要提前进行规划，然后在固定的时间节点执行。为此，我们可以制定图 2-1 所示的私域项目进度甘特图。

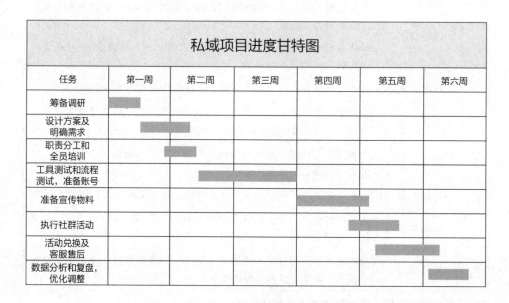

图 2-1　私域项目进度甘特图

其中，需要关注的重点为数据分析和复盘。不同的门店、行业采取的具体的项目实施方法也不同。

例如，一个超市和一个产康门店所进行的社群运营是不同的，具体采用什么样的模式和方法，主要取决于用户的消费习惯、客单价、毛利率等情况。

策划案例中的门店拓客活动时，需要及时跟进每一个环节。细节是决定项目成败的关键。

2.1.3 如何执行实体店拓客方案

做完方案以后，如何将方案应用到活动中呢？下面我们将对此进行讲解。

案例中的产康门店店庆活动的详情如表 2-3 所示。将各个环节、时间节点和操作流程进行表格化的梳理，能更清晰地为每个时间节点分配工作任务，这样在执行的过程中才能保证执行到位，降低出现临时状况的概率。

表 2-3 产康门店店庆活动详情

环节	时间节点	操作流程
前期筹备	—	（1）找到意向用户和活跃用户，打好标签 （2）预热活动，发朋友圈（以下简称"发圈"）分享内容 （3）方案筹备，提前沟通 （4）点对点与用户私聊
建群环节	5月18日下午3点	群发消息，提醒用户活动即将开始，1小时后拉用户进群
建群环节	5月18日下午4点	（1）建群，群名为××用户答谢群 （2）先邀请不是特别熟悉的用户进群，再邀请熟悉的用户进群 （3）先拉几个用户进来，领取奖品，截图发群里 （4）提醒群成员满50人、100人都可以抽奖，还有红包；设计几个小奖品奖励手气最佳者；预告第二天的活动 （5）进群就可以加群主为好友并领取××礼品一份 （6）发布红包墙 （7）利用群待办功能提醒用户领取奖品
建群环节	5月18日下午5点	（1）第二波福利，发送群邀请通知，邀请裂变有礼 （2）多次发布群通知，邀请裂变有礼 （3）群内有人查询邀请好友数量，符合条件以后，在群里@用户，提醒私聊 （4）私聊的时候，先恭喜用户中奖，然后提醒他先不要让其好友退群，因为奖品会按照活动截止日期来统计有效数据，并发放对应的礼品

续表

环节	时间节点	操作流程
裂变环节	5月19日上午8点	（1）发布活动集赞有礼，先发红包，让在线的人回复"我要礼物"，保持信息队形 （2）@所有人，发布第一次的活动方案，然后及时解答用户的疑问，强调活动的结束时间（第一波：集赞有礼活动）
	5月19日中午12点	根据情况看是否可以发红包墙，在群内通知大家所差邀请人数
	5月19日下午4点	领取奖品相关信息截图，回答问题，预告晚上有一个惊喜活动（今晚记得要来）
	5月19日晚上9点	（1）发红包，看在线人数，让在线的人回复1 （2）活动预备开始 （3）公布晚上有问答题活动，第一个答对的人有奖励（以客服截图为准） （4）发布问答题，回答完兑奖 （5）兑奖以后私聊，告知用户发圈还可以再得一份资料包 （6）预告没中奖的不要走开，明晚还有更大的抽奖活动和奖品
	5月19日晚上10点	感谢用户的关注，提醒用户等待第二天的惊喜
裂变环节的发圈配合（5月19日）	上午8点	集赞活动
	中午12点	邀请进群，兑奖
	下午4点	用户见证，活跃群内气氛，预告马上有活动，请进群
	晚上7点30分	发布晚上有活动，邀请好友进群
	晚上10点	（1）群内气氛截图，预热明天的劲爆活动 （2）私聊用户，询问是否参加活动，提醒用户第二天晚上不要错过活动
促活环节	5月20日上午8点	（1）群内通知用户，邀请裂变活动中午截止；提醒用户赶紧邀请好友，并告知还没达到的人数的统计数据 （2）提醒用户赶紧完成任务（邀请裂变、点赞）
	5月20日中午12点	（1）吃过饭了吗？发一个小红包，宣布活动截止，统计奖励情况后发奖品 （2）为下午的秒杀活动做预热
转化环节	5月20日下午4点	（1）发布消息询问大家在不在，是不是很期待；发红包，让在线的人回复1

续表

环节	时间节点	操作流程
转化环节	5月20日下午4点	（2）问大家是否知道某个东西多少钱，让大家猜价格 （3）带动气氛，加赠，发布秒杀商品 （4）私聊浏览用户，并单独转化浏览用户为成交用户 （5）带动群内气氛，发购买截图，发问题，回复问题，最后发布商品只有100份，卖完即止 （6）根据用户浏览后购买人数来追单；用户购买以后，与用户私聊；用户购买后发圈还可以再得一份资料包；预告明天可以参加新活动，可以邀请好友参加 （7）下单接龙群待办，回复"已买"
	5月20日晚上8点	（1）发语音感谢大家的鼓励和支持，讲明店内情况和感恩活动，最后追单，拼团新人到100人可加赠一个礼物 （2）活跃气氛，带出话题，产生共同话题 （3）持续追单
	5月20日晚上10点	及时公布结果，调动气氛，私聊提醒，一对一转化，公布购买商品的剩余名额
	5月21日上午8点—中午12点	（1）发红包，让在线的人回复1；对预期效果表示惊喜，回顾昨天的活动和数据；将昨天买商品的人拉进VIP新群进行答谢，抽奖100%有礼 （2）维护好群内气氛，与用户私聊 （3）追单，进入迅速跟单环节，提醒用户进入VIP答谢群抽奖 （4）汇报目前购买商品的剩余名额，跟进订单
促活环节和转化环节的发圈配合（5月20日）	上午8点	发布店庆活动相关信息
	中午12点	见证兑奖的用户，发相关截图
		预告下午秒杀活动，仅限100人参加
	晚上7点30分	活动已经开始，追单促成交，私聊，将活动发圈
	晚上10点	（1）群内气氛截图，将活动发圈 （2）私聊用户：××，这次活动真的超值，购买后还能参加抽奖活动，下次不知道什么时候再有了，购买后记得在群里进行接龙 （3）再次追单

执行上述 SOP 方案时需要注意，利用好每次和客户接触的机会，并且给客户打好标签。按时在每个固定的时间节点进行 SOP 操作，对客户临时提出的一些异议及时进行回复和处理。开展案例中的产康门店的活动时，要确定每个活动执行人员都进行相关操作，对每个操作节点都进行实时的监测及反馈。

2.2　社交电商

做私域社群的过程中，社交电商占据了非常重要的位置。在社群发展的历程中，一直伴随着社交需求，在社群的成交中，先有社交后有成交。因此，社交电商是做私域社群必须了解的一种运营模式。

本节将通过拆解社交电商的案例，帮助读者更深入地了解运用社交电商搭建私域的方法，以及运营中需要重点关注的执行动作。

2.2.1　社交电商的案例背景

社交电商是一种社群 + 平台商城的模式。社交电商除了注重对社群的运营，也非常注重对团长分销的赋能和对平台商城的运营。总体来说，社交电商是一种综合了社群、团长、商城的社群模型。

电商项目的运营流程如图 2-2 所示，从前期的筹备到基础启动，再到业务层的运营管理、数据层的记录和复盘，以及运营中台工具的使用、数据的打通等，最后通过反馈效果得到整套流程。

在社交电商中，团长通常会作为意见领袖去分享产品，从而获取佣金。我国已经有多家公司将社交电商做得很好，很多都采用了商城 + 团长 + 社群的方式进行产品的销售，充分利用了团长的能量及社群熟人推荐的形式。

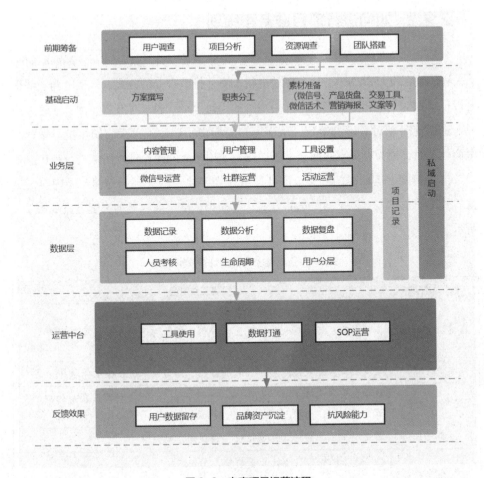

图 2-2　电商项目运营流程

下面以一个运动类社交电商项目为例,拆解社交电商项目的搭建方法。

项目背景

国内某知名运动品牌想搭建社交电商社群,通过跑步这一爱好运营私域,招募代理团长卖货。该品牌已有商城平台和客户基础,客单价在 200 元左右,商品品类较多,销售的产品大多为运动装备、服饰等。

项目要求

通过社群活动招募团长,进行产品销售。

2.2.2 如何进行项目准备和策划

社交电商可以使有供应链资源优势的企业快速产生 GMV（Gross Merchandise Volume，商品交易总额）。通过团长进行分享、推荐裂变的方式，社交电商能够提升以往单独对 C 端（消费者、个人用户）的销售效率，通过对 B 端（团长、达人用户）的赋能带动对 C 端的销售，从而可在短期内快速达到更大的销售量。做社交电商社群时，因为有分享的佣金，所以产生了很多大的团长带领团队进行销售。

搭建案例中运动类的社交电商社群时，需要注意的关键词是朋友圈内容、运营方式（团长赋能）、推品及选品方式。运动类社交电商社群的搭建方案如表 2-4 所示。

表 2-4 运动类社交电商社群的搭建方案

搭建工作项	搭建工作内容
搭建流量矩阵	泛用户群、活动转化群、地区用户群、团长沟通群和会员等级群等
流量裂变	裂变玩法：朋友圈点赞、朋友圈评论、助力砍价、任务宝领取
进群欢迎语	欢迎语："哈喽，亲爱的 ××，欢迎加入 ×× 福利群，我是你们的大可爱福利官，赛事+福利优惠，找我就对啦！"
进群活跃	聊天"剧本"设计、话题设计、群促活活动设计
转化成交推品活动流程	◎ 选品环节：引流款、复购款、高利润款 ◎ 推品环节：产品素材、产品包装、产品的推广方式 ◎ 成交环节：成交流程、成交话术
内容体系打造	◎ 人设打造： （1）大可爱——负责发布通知、发布福利消息 （2）小跟班——负责群内气氛维护，制造群内话题 ◎ 朋友圈打造：发圈内容（生活日常分享、跑步小知识、美景、赛事图片、搞笑小段子等） ◎ 朋友圈互动方法：话题结尾用疑问句、征求意见、点赞有礼等

续表

搭建工作项	搭建工作内容
社群运营（每周2次"种草"，带动产品话题；每周2次秒杀,周一、周三）	◎ 日常内容运营：赛事的报名和福利，问候＋话题、预热"种草"、话题"种草" ◎ 活动运营：红包活动、互动活动、接龙活动、打卡活动 ◎ 活动频次：每个群每周2次活动 ◎ 活动奖品：红包或产品包邮
精细化用户分层	◎ 泛用户群：赛事活动群、合作流量群、合作会员群等 ◎ 活动转化群：（社群名称：××赛事福利群、××福利群） （1）裂变用户，集中成交转化 （2）时间周期：3~7天，解散群 ◎ 地区用户群：本地精准粉丝、团长活跃社群，发布本地赛事信息、本地福利促销 ◎ 团长沟通群： （1）分销团长招募、团长IP打造、群运营能力和引流方法培训 （2）应用激励体系（佣金奖励、额外销售奖励）
活动运营SOP（破冰＋建立用户链接＋活跃话题＋搭建人设）	◎ 引流阶段："赛事老友群成立啦！又来抽奖送福利加圈子啦，参加过的老友们快来！" ◎ 起群阶段：群欢迎语（"嗨，老友你来啦！欢迎加入××赛事跑友福利圈！这次我们又来送福利了！群里本月27日晚9点抽奖送礼，本月28日晚9点福利秒杀，让我们一起跑起来~"） ◎ 促活阶段：活动话题，"种草"互动。话题有"啥时候开始跑步？""最多跑多远？""坚持多久？" ◎ 转化阶段："预告，晚上有个福利秒杀，价格简直太划算了，来的回复1" ◎ 长期运营：晒单、发福利红包，产品推广和话题引导，实施积分会员体系

2.2.3 如何执行社交电商方案

如果私域的社交电商做得好，那么与对团长的赋能必然有关，同时也需要把握好销售利润。

案例中项目进度跟踪表如表2-5所示。

表2-5 项目进度跟踪表

模块	事项	子项	负责人	注意事项	产出物	进展	当前进度
团队和成长	团队职能调整			岗位要求		已完成	已沟通
	团队激励制度					待启动	
	岗位执行标准和SOP				新人手册SOP	待启动	
	团队培训计划	商品、专业知识培训		每月一次		待启动	
策略和模式	岗位招聘					进行中	
	团长沙龙			每月一场		待启动	
	反馈梳理			1对1沟通		进行中	
	团长关系				合作模式，合作内容		

使用上述表格对项目进行监督和协调，有助于统筹人明确所有工作进度和内容安排，将项目快速推进下去。

除了对项目的执行进行统筹，还有以下5个要点需要在运营时着重注意。

1. 供应链选品能力

社交电商的核心能力是供应链的选品和包装能力，因此对供应链的考验是非常大的。要让用户在平台下单，就需要有性价比优势，以及快速响应用户需求的能力。

在运动类社交电商案例中，供应链是非常重要的环节。对大量SKU（最小存货单位）运动类产品的准备和筛选，可以确保在执行项目的时候拥有更大的价格优势、物流发货优势和品牌优势。因此，在选择产品的时候，通常采用引流款、复购款、高利润款的组合式选品及推品方法。

2. 商城运营执行能力

商城运营执行能力是非常重要的。平台的优惠券、折扣、拼团、砍价、秒杀等活动，甚至是新人首单礼，都需要商城运营人员对整个商城平台的运营流程非常熟悉，并且明确每个活动的目的，这样才能快速让用户产生购买行为。

二、三线城市的跑步人群大多对价格敏感，因此采用秒杀、拼团的方式进行组合式促销，在固定时间推品，成交效果会更加显著。

3. 平台推广能力

在案例中，运动类社交电商平台通过APP、小程序、H5页面、公众号等形式进行推广。大部分形式为扫团长二维码或者点击邀请链接进行绑定。推广社交电商的商城需要有较好的平台推广方式和较强的利益驱动。

4. 团长为商品赋能能力

对平台的团长而言，绑定用户不是最主要的，让用户产生下单行为及复购，才是团长获取佣金的关键，因此团长为商品赋能的能力就显得非常重要了。团长需要提升的能力包括团队管理能力、用户服务能力、推荐产品的销售能力、获取用户的能力等。

5. 利润分配机制

真正长久的社交电商运营取决于合理的利润分配。如何给团长合适的利益，并让团长有动力长期跟随平台发展是非常重要的。案例中团长的利润分配比例为10%~30%，根据不同产品会进行利润分配比例的调整。

2.3 社群团购

社群团购是通过对高频、高复购率的产品进行批量式成交，与用户产生黏性和信任关系，从而使用户在私域中反复购买产品。

很多人分不清社群团购和社区团购的区别，但在业内人士的界定中，这两者有着截然不同的运营方式。表 2-6 所示为社群团购和社区团购的区别。

表 2-6 社群团购和社区团购的区别

对比项	社群团购	社区团购
商品品类	以日常生活用品、网红爆款、品牌尾货为主	以生鲜、蔬果品类为主,以日化产品为辅
消费交付	快递包邮到家	前置仓集采入库
利润	团长利润在 20% 左右	平台有补贴,团长利润较低,但频次高
区域	无局限	3 千米左右范围内

社群团购更多是建立在兴趣、年龄相近的消费群体上。如果说社区团购受限于地域,那么社群团购就在选人方面有更高的要求,但社群团购的优势在于能尽情地利用互联网和人脉网去裂变和扩散,区域性的局限更小。很多转型成功的社群团购往往来自曾经的微商代理或者大代理,他们在层级代理和利润分配方面更加缜密和细致。

影响社群团购效果的因素包括挑选爆品的能力,对社群感受的程度,招商的能力和对团长的服务能力等。大多数时候,社群团购需要更多人的参与和信任,更像是微商和社交电商的综合体。

相较而言,社群团购的流程更加简单、方便,而且因为没有交付的麻烦,所以很适合大多数人操作,只要有微信群就可以。因为市场是有信息差的,所以这个模式是有存在的机会的。特别是有私域流量的流量主,在四、五线城市有很大的机会做好社群团购。运营社群团购需要准备好供应链、社群运营、团长招商 3 个部门,其中供应链部门还需要有人负责推爆品。

本节将通过拆解社群团购的运营案例,剖析社群团购的运营重点,力求让读者能够快速、全面地了解这个私域的运营模式。

2.3.1 社群团购的搭建框架

在社群团购行业里,有很多快速起盘或者转型的社群拿到融资或者收益破亿的案例。在这些案例中,大多数有一些相同或者类似的情形。例如,基于团长做运营、基于私域运营的经验来转型等。

总体来说，社群团购项目搭建框架如图 2-3 所示。从起盘开始定位，接着进行个人号运营，然后引导用户进入流量池，最后通过活动运营维护客户。整个流程清晰而有效。

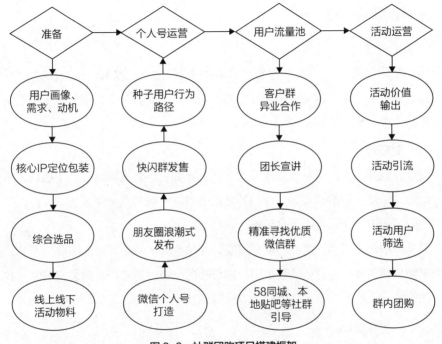

图 2-3　社群团购项目搭建框架

下面将对一个正在运营的社群团购进行案例详解，争取让大家从起盘—运营—转化中学习社群团购的私域搭建整体流程。

项目背景

一个基于线下市场的线上团购平台，流量来自线下的连锁超市，多数是下沉市场用户，品牌有 3~5 年的沉淀和积累，用户信任度比较高。因此，社群团购主办方在做线上团购的时候有一定的流量基础，更容易起步。日常客单价在 30 元左右，用户为 30~60 岁的女性。

项目要求

从策划社群团购项目、招募团长到运营整个团购平台，全面提升用户消费频次。

2.3.2 社群团购项目策划的关键点

策划社群团购项目时,需要注意以下关键点。

1. 社群团购选品

(1)用户定位

选品是非常重要的一环,一个好的社群团购项目,一定是有自己的社群定位的。在选品、宣传推广上,只要定位精准,抓取用户就相对简单了。卖货最重要的是知道货卖给了谁、想卖给谁。

(2)时节性

时节性就是在不同的时节卖适合的东西。比如在冬天卖羽绒服、加热毯、暖宝宝等产品,销量一定不会太差。这些类目都是根据时间节点来销售的。

在固定的节日,也可以提前销售一些相关产品。

对于团购起盘产品,选品一定要精准,并预判未来两个月可能需要的产品,然后根据季节和节日,对自己的精准用户进行推送。但因为团购时间是有限的,并且参与团购的产品数量也不多,因此对应时节的选品一定要尽量精简而专一。

(3)产品性价比

在社群团购项目里,因为省去了门店和经销商的分润体系,包括门店开销、经销商库存、分层营销环节等,所以团长往往能从公司拿到更高的利润,这才有了社群团购的机会空间。

不过,因为案例中是线下市场的门店,所以需要更接地气、更贴近生活的产品。同时又因为要跟商超有所区别,所以产品的性价比非常关键。很多团购平台会把京东、淘宝、线下的价格写出来进行对比,以此来体现自己产品的价格优势。

团购往往因为量够大,同时出货,所以有很多品牌和厂家愿意让出利润空间,给团购平台相对较低的价格。

案例中可参考的定品策略如下。

价格区间:每天 9.9~29.9 元的产品 1~3 款,30~59.9 元的产品 1~2 款,60~99.9 元的产品 1~2 款,100 元以上的产品 1~2 款。

产品结构:日化类 2~3 款,如洗衣液、纸巾;食品类 1~2 款,如零食、量贩装食品、速食食品、饮品;纺织类 1~2 款,如妈妈衫、打底裤、棉鞋、袜子、短裤,某些品牌的清仓尾货优先；小家电及厨房炊具1~2款，如烧水壶、电吹风、锅等。

选品范围：家庭刚需且高性价比款，节日季节诉求款，网红有趣小爆款，品牌清仓尾货。

筛选标准：对比淘宝、天猫及其他团购平台，价格需要更优惠。

（4）售后难度

产品的售后难度在整个团购行业里都是需要考量的。在选择产品的时候，并非只有价格优势才是考量的标准，低售后率也是非常重要的考量标准。

比如某消费者曾在某平台买过一条裙子，但收到裙子后发现，尺码明显偏小，这导致消费者需要退换货。在这种情况下，消费者往往会因为觉得麻烦而选择退货，并且下次不会再买类似的团品。

选择产品时，一定要优先考虑售后的便捷性和退换货率的问题。比如带尺码的服饰类产品，退换货率相对会高一些，生鲜蔬果类产品也会因为物流的问题导致较高的退换货率。

如果实在不知道怎么选品，这里有一个非常好的小诀窍可以尝试，那就是比较同类别用户的社群团购项目，看看对方最近上了哪些产品卖得特别火，然后去找类似的款或者相同的供应商，这样产品的销量会比较不错。

2. 对代理和团长做好赋能

要做好社群团购，没有一套自己的团长赋能培训体系是不行的。赋能给团长去裂变拓展自己的社群团购项目，在社群团购运营中显得尤为重要。

赋能体系一般包括新团长首单、能力提升培训、共同选品、好货复团等。

新团长首单：运营方协助新加入的团长在自己的私域流量中完成第一单的成交，一般用引流爆款来完成。

能力提升培训：对团长的流量运营能力、销售转化能力进行持续培训，提升团长的运营和转化能力。

共同选品：运营方和团长一起执行选品流程、共同决策，甚至团长可以反向要求运营方提供适合其对应用户群的商品，共同测试产品的受欢迎程度。

好货复团：好卖的货也会给团长进行复团的机会，运营方在选品上要尽量满足团长的需求。

2.3.3 运营一个社群团购项目的关键环节

前期的策划工作做好以后,需要及时跟进运营环节。社群团购项目是如何运营的呢?根据运营节奏和项目的不同,一般有以下运营要点。

1. 如何创造团长首单

(1)招募团长

对社群团购项目进行首次测试的时候,通过公众号发布一篇关于招募团长的内容,吸引有意向报名团长的人。之后,从中选择一部分作为分销团长。初为团长,其实很需要社群团购平台的赋能和支持,所以笔者团队带领整个社群团方进行了一次爆品发售。

(2)选爆品

在爆品发售的过程中,首要的任务是选择一款好的产品。先进行用户调研,根据调研的结果定位用户需求,从用户的需求出发,选择了洗衣液、纸巾作为这次出单的爆款。

常规的社群团购每天需要推 8~10 款产品,然后每天从所有的产品中选择一款爆品作为主推,将其余产品作为日常推荐。

社群团购平台的选品很重要。洗衣液的性价比非常高,利润空间比较大,作为家家户户都要用的产品,复购率较高,非常适合团购平台用来打爆款。

(3)包装爆品

打造爆款首先要做产品的包装。洗衣液的使用场景是家庭场景,除了工厂给的一些素材图,还需要拍摄一个小视频。视频场景是,先在白色的衣服上倒一点点酱油,白色的衣服就变脏了,接着用洗衣液搓一搓,立即就干净了。这个场景的震撼力还是非常强的。另外,用户还会根据需求来选择洗衣液,因此营销的时候突出了妈妈清洗孩子衣物的场景。母婴洗衣液是非常吸引人的,用户会认为孩子的衣物都可以用的产品,品质一定不错。这样也能够凸显产品的价值。

(4)激励团长

售卖当天在群里活跃气氛和"种草",并且对开单的团长都给予现金红包奖励,同时在群里晒图,刺激团长进行转发和售卖。由于所选产品本身价格不高,因此用户开单数量比较多，卖得很好。

2. 如何持续打造爆品

以团购主办方身份来做，需要协助自己的团长进行包装和推品话术的筹备。团长大多是在团购主办方运营的基础上进行再加工的，因此怎样给出推品的信息，是非常重要的一个环节。

（1）选择推品模式

推品的常见模式有溯源型、AB对话型、福利推荐型、场景式、客户见证式。

① 溯源型：就是根据原产地进行溯源，然后推荐产品。

② AB对话型：比如A问"好吃吗"，B说"好吃"或者说"我也买了"等。

③ 福利推荐型：就是直接发福利，特别优惠，买了还有优惠。

④ 场景式：就是营造一个使用产品的场景，并且根据具体产品进行营销。

⑤ 客户见证式：就是用户买了产品的见证截图、用户私聊反馈产品好的截图等，第三方、品牌代言人和机构的见证都属于这个类别。

（2）包装一个爆品

包装爆品的3个核心要素是：文字＋素材＋打造价值。在此基础上要注意，文字要美，排版要好看。

（3）提供素材让团长营造好的朋友圈氛围

团购主办方需要提供标准的素材让团长发圈，但发圈的内容是多样化的，不一定局限在某一个方向上。一般情况下，团购主办方都会提供各种素材给团长，让他们根据自己的风格和想法选择适合的内容来发圈。

一个好的团长除了每天发团品或推荐产品，还会"种草"和进行一些生活化的表达。所以团购主办方除了给团长提供一部分内容和参考，还要教团长怎样发圈、晒图、晒生活才能达到更好的效果。一般来说，晒见证、晒生活、晒美食、晒美景、晒萌娃、晒萌宠都是不错的选择。人们都喜欢看美的事物，喜欢生活化的活生生的人。一个优秀的团长不能只当一个推销员，还要学会做一个美好生活的分享者。

（4）根据人群属性来选品

选品时，一定要根据人群的定位去选择适合的产品。首先是产品类目的选择，需要根据定期复盘和数据分析来决定。产品的类目选定之后，就需要进行对标和比价了，主要从品质、价格、生产方、晒产品素材等维度来进行对比。一般来说，业内有这样一个公式：经验+能力+渠道=好采购。

还有一个比较简单且能够实现快速选品的方法，就是选产品时，尽量让团长参与进来。从市场的角度出发来进行选品，这样在销售环节才能收到更好的效果。

（5）好的推品节奏

① 推广时要认真做素材、图片及文案。文案要细节化、突出重点、简短、口语化一些，5句话左右，排版要好看，附上5张图片，1~2个视频。

② 每天晚上9点预告新品，第二天上新，上午开团后9点推一波，下午4点推一波，晚上8点看情况推荐。

③ 主推款要做细节化设计，最好有人晒单、晒成交截图。

首单爆品打法：先在群里预热；打单品时进行红包激励，提炼产品热点、卖点；推品后进行激励，推送单品素材和视频，口口相传。

（6）团长赋能

要经常开展培训，特别是针对新手团长。线下招商、分享沙龙非常适合招募和维护团长，主线部门，如爆品推品策划部门和市场招商部门，都要参与和联动。在这个过程中，团队激励和管理、团长沟通不能少。因为在后续社群运营中，团长运营很重要——团长是卖货和买货的关键。与此同时，不要忘了带领大团长，教他们如何招收小团长。

2.4 知识付费

知识付费的兴起并不完全由于私域，但在后端与社群有着千丝万缕的关系。从一开始的平台收听，到后端转化为深度的训练营，甚至1对1的精准服务，都离不开社群的赋能。本节将介绍知识付费的定义和重要性，并通过案例来详解线上知识付费运营的技巧及运营的基本流程。

2.4.1 知识付费的案例背景

知识付费是以售卖知识的方式进行的新型互联网商业模式。通常知识付费里很重要的环节就是：课程 + 训练营。

知识付费课程是指以课程形式讲解知识内容的一种教育方式，目前较大的知识付费平台有小鹅通、喜马拉雅、千聊、荔枝微课等。

同时，在线教育利用知识付费的模式，也开始以"课程 + 线上训练营"的形式进行产品销售。训练营是指以"课程 + 社群 + 学习打卡 + 点评"等形式进行的一种知识付费课程的升级版。

课程交付通常仅有单向的互动，而训练营会集中进行"学 + 练 + 回馈"，在学习上会更容易被用户接受、消化、吸收。

知识付费很多时候是在销售一种技能或交付一种知识，如同在学校上课。但因为课程一般以录制的形式呈现，所以用户可以选择多样化的收听、学习形式，同时可以碎片化地在自己想学习的时候进行学习、收获知识。

知识付费是个人学习、提升、成长非常好的一个途径，比如樊登读书会、得到、混沌大学，都属于知识付费领域做得非常好的平台。

项目背景

某儿童心理学的专家、儿童心理学博士，以输出儿童教育类的内容为主，喜马拉雅平台上有近 400 万粉丝，微信里有 2 万名付费粉丝学员。这个专家团队研发了课程、训练营及教具，可利用的课程体系包括免费公开课、9.9 元小课、698 元训练营。

项目要求

通过活动吸引学员加入训练营，对训练营中的客户进行运营。

2.4.2 如何进行知识付费项目的准备和策划

知识付费的社群运营中，很重要的一种形式是训练营。如果要设计训练营的执行环节，那么一定离不开以下几个方面。

（1）进群前和进群环节。

（2）开营仪式。

（3）上课环节。

（4）作业或互动环节。

（5）活跃社群及活动环节。

（6）转化环节。

（7）结营仪式。

如果这7个方面设计到位，那么整个训练营会更容易执行到位。

表2-7所示为做训练营需要提前筹备的运营要点。

表2-7 训练营需要提前筹备的运营要点

序号	运营要点	时间节点	完成情况
1	数据调查，确定选题方向		
2	对接老师，沟通选题内容		
3	确定训练营的定价和正式开始时间		
4	敲定题目和课程大纲，跟进老师稿件的完成情况		
5	确定赠送的辅材并筹备产品		
6	确定课程内容框架及训练营的互动形式		
7	确定初版训练营流程和授课时间图		
8	确定课程表		
9	确定社群运营SOP话术和"水军"话术		
10	敲定用户流量来源和转化要点		
11	设计课程海报+训练营所需材料（如证书、奖品、学员证言）		
12	设计训练营详情海报		
13	确定训练营测试方案		
14	训练营基础用户内测		
15	生成训练营发售前端链接并测试		
16	训练营发售后交付		

准备和策划案例中的知识付费训练营时，需要预演整体流程并对项目进行管理，对每一个环节的衔接、时间节点、主要负责人、主要运营动作等，都要做详细的安排和监测。表2-8所示的运营节奏表展示了在筹备知识付费训练营时需要推进的计划。

表2-8 运营节奏表

序号	运营要点	时间节点	负责人
1	开营前准备：课程+产品内容+辅材。对购买页面、流量进入情况、上课收听及作业流程进行测试，交付社群运营全套SOP标准		
2	与引流成交渠道进行沟通		
3	训练营招生报名		
4	被动或主动添加好友		
5	添加好友后的回复话术+用户调研问卷+上课前提醒		
6	建群拉人及介绍群内规则，发送辅材		
7	开营仪式		
8	社群运营重点数据：到课率、打卡率、活跃度、群质量		
9	群转化：转化策略（如拼团、返券、限时活动）及数据分析		
10	闭营仪式、颁奖仪式+转化促单		
11	个人私聊成交追单		
12	解散或留存群用户		

用户进入课程的路径也非常重要，这个路径也称触点。在用户进入的整个路径中，转化步骤越少，跳转越清晰，效果越好。

图2-4所示为用户进入课程的一种路径参考方式。

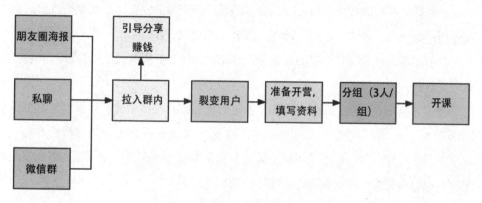

图2-4 用户进入课程的路径参考

2.4.3 如何执行知识付费项目方案

进行完以上筹备工作后，接下来就可以开始执行方案了。

1. 明确执行目的

知识付费训练营也是要分类的，目前市场上的训练营可以分为引流型、转化型、服务型。而除了知识付费类的训练营，还有一些是以产品切入为主的训练营，重在销售转化产品，促成高客单价。

不同的训练营因为目的不同，所以采用的运营方法也会不同。比如案例中的训练营是服务型的，在操作流程的设计上会有其对应的思路。如果剖析训练营的整体框架，一般离不开图2-5所示的几个部分。

图2-5 训练营的整体框架

2. 确定整体框架

一个训练营的整体框架是产品端、运营端、销售端的结合。

本案例采用的是社群运营和训练营销售搭配的框架来执行的。由社群运营人员负责执行训练营活动的发布、活跃动作，由训练营销售人员负责销售转化。

产品端主要有课程内容的设计、海报的设计及老师的安排，运营端更重要的是负责用户的交付、体验、互动、转化。两者相辅相成，才能形成一个好的训练营。

目前市场上常见裂变海报的内容和设计格式如图2-6所示。颜色以亮眼的黄色、蓝色、红色为主。

常见的裂变方式都是在体验课程之前进行的，如果是体验课程以后，基本上以团购形式居多。前端裂变的方式主要有邀请××个人送礼、上分销排行榜有礼、分享发圈有礼等。利用好利益诱饵来做裂变非常重要，拥有高转化率和高曝光率的课程，都会利用类似的方式进行前端用户的裂变。

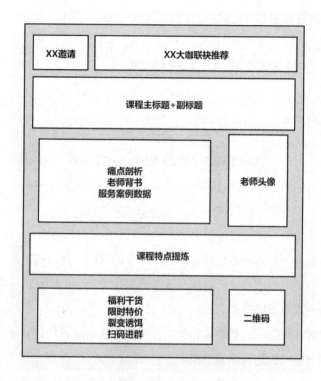

图 2-6　裂变海报格式

3. 互动活动设计要点

设计训练营互动活动时，一定要明确以下 3 点。

◎ **活动主题**。活动内容要跟整个训练营匹配，跟主题吻合，并且完成这种活动对用户的学习有帮助，如打卡、完成作业等，而且一定要让用户认可这种行为。

◎ **用户门槛**。做活动的门槛是非常低的，用户不需要花费大量的时间和精力即可完成。一旦用户需要花费大量的时间成本去完成，就意味着完成的人数会很少，最后的效果也不好。因此在设计互动活动时，一般以问答题、打卡、完成简单作业的方式进行。这些方式不仅能让用户轻松完成，并且在完成的过程中不会出现太多疑难问题，适合大多数人参与。

◎ **活动时间**。活动的启动时间非常重要，这种贯穿整个训练营的活动，通常会选择正式学习的第一天上午或者开营仪式之后发布。这个行为一般会成为正式开始学习的第一个行动。这样用户对互动形成行为习惯以后，在后续训练中就不会觉得烦琐了。

4. 注意关注转化率公式提及的三大因素

下面是关于转化率的公式,供大家参考,如图2-7所示。

$$转化率 = 用户体验感 + 信任背书 + 感性消费$$

图2-7 转化率公式

用户体验感:一个好的训练营是由每个环节的搭配来决定的,因此在做训练营的前端时,一定要多做用户体验测试,甚至可以拉上自己的朋友们一起测试。每个流程都会影响进群率及转化率。

不管用户进入训练营的目的是什么,最重要的还是用户的体验环节。如果用户体验感好,那么后期的转化率就会高。

举个例子,一个创业课训练营,先利用结营仪式在群内发布进阶训练营课程信息,然后利用一对一单独跟进咨询项目模式进行推荐,最后使用电话销售方式促进用户成单。最终的数据是158个人的群里(包括工作人员)有20多人购买了客单价4000元的进阶课程。在行业里这个成交数据对于"15天训练营"项目是非常好的表现。整个项目中,不仅有老师点评及评分、客服提醒听课,而且颁发了完成作业的荣誉证书等,每一个部分都做得非常到位。作为一个199元前端引流性的15天训练营,这种体验感和成交方法是十分精准的。

信任背书:是指用户对训练营的老师和运营机构的信任程度和熟悉程度,如果老师够专业,机构或者品牌够知名,好评度够高,那么转化率自然会更高。这里经常会采用一些方式来提升信任背书的效果,如晒用户好评、介绍老师的专业背景、介绍机构的品牌信息等,让用户尽可能地信赖商家。

感性消费:指的是用户以个人的喜好作为购买决策的标准,这对社群用户的成交十分重要,因为下单的动作就意味着这个训练营达成了大部分的目标。成交环节经常会利用社群氛围和提前埋点的方式进行转化。

关于社群氛围,这次训练营活动执行的方法是,让用户接龙成单或者发用户购买截图，这种方法会让更多人看到并且购买。除此之外，还会利用催单的方式，如"限额20名""还有最后两个名额""今晚8点截止报名，还有最后15分钟啦！"，这对于集中成交有很大的帮助。

5. 需要注意的9个用户体验细节

（1）课程内容

课程内容是非常重要的，如果课程本身质量不高，或者内容并不能给人带来价值感，那么就算后面的环节再好，转化率也不会高。

这里对老师的要求和课程设计的要求相对比较高，老师需要洞悉用户的痛点，并且给用户提供解决办法。总的来说，如果课程内容能提升用户的某项技能或者给用户带来一些未来的价值、解决用户的一些痛点问题，那么用户的体验感会更高。

（2）学习流程设计

整体的学习流程对用户的体验感会有非常大的影响。例如，根据社群类型的不同，可适当选择是先做作业再点评，还是先打卡+点评再做作业。

（3）学习的互动和反馈

学习中的互动和反馈是非常重要的，因为大部分人是懒惰的，所以在学习中老师、助教、班长的监督就会显得非常重要。曾经测算过的操盘项目数据显示，能够全程学完训练营课程的学员，会报名后续高客单价的课程，并且课程好评度会有很大提升。

因此，在用户的学习过程中需要及时进行互动，给予客户反馈和点评，精细化地运营整个社群。

（4）学习难度设计

整个训练营的学习一般是循序渐进的，教授的知识要从简单到复杂。这个环节经常会用到一些游戏化的思维方法来提升用户的体验感，如打怪升级、团队作战等。

一开始给用户的一定不能是难以理解和晦涩的知识，这样的内容就算很重要，也一定要放在后期教授。因为人对学习知识的消化吸收，在有限的时间范围内，一定先从简单的认知层面的内容开始，让用户接受简单的内容，再逐渐进入复杂内容的学习。

（5）仪式感、超值感、游戏感

一个好的训练营少不了营造好的仪式感、超值感、游戏感，用户一旦在这个训练营花费了时间和精力，体验感及转化率都会有所提升。

① **仪式感**。仪式感基本体现在：入群前班长或助教提前通知，学员填写资料；入群后的欢迎仪式和学员的自我介绍环节；上课前的提醒和欢迎老师环节；学员完成作业打卡，互动点评和作业分享点评等环节；训练营结束后的颁奖环节设计。仪式感能够给用户一种备受重视的体验。

② **超值感**。超值感体现在从整个社群活动中获取的东西越出用户的预期。有些超值感做得好的训练营会提供加餐课，如互动答疑、彩蛋，甚至优惠券、实物奖励等。多样化的奖励和优质的内容进行组合，可以给用户带来超值的感受，这样对后续的转化和提升用户体验都有帮助。

③ **游戏感**。常见的能带给用户游戏感的方式如团队分组PK（对决）、选班长或团队队长，打卡积分，甚至是抢答活动等，这些都能带给用户有趣好玩的体验。当用户觉得学习过程有趣而好玩，还能学到知识时，体验感自然不会差。

（6）用户收获

执行训练营项目的过程中，经常会进行用户调研，根据用户反馈的情况适当调整训练营的内容，尽量让用户有收获感，同时提升用户的体验感。

提升用户收获感的方式如加餐分享。常见的加餐分享有以下两种形式。

① 由老师或者班长进行分享。这种分享一般是输出干货或讨论引人深思的话题。

② 邀请学员进行群内分享。这种分享因为是由学员进行分享的，所以收听分享的人会更多，并且内部学员的互动也会更有价值。挑选合适且积极、活跃的优秀学员发言，是非常重要的一个环节，这种让用户创造内容的环节能够提升整个训练营带给用户的收获感。

（7）训练营节奏

开展训练营的过程中，把控节奏也非常重要。

有的训练营就出现过因为每天授课、课程内容太重，导致学员跟不上的情况。一个好的训练营节奏，一定能够把控好每个环节，并且能让学员觉得轻松、可执行。

比如尽量不要把每天的内容都设计成上课的模式，可以穿插答疑、点评、互动游戏来进行，这样用户体验感会更好。

(8) 社群环境

为什么要做训练营而不是单独服务用户呢？并不是图省事，而是为了让大家在训练营中产生互动，打造社交场景，并且有一个更好的学习氛围。比如在训练营中，当看到有人打卡以后，其他学员也会有动力进行同样的打卡行为。

因此，在做社群的过程中，对社群氛围的把控非常重要，运营方通常会利用一部分"水军"和优秀的KOL学员作为氛围组来帮助课程方维护社群环境。这里的氛围组也是非常重要的一环，其中的成员经常需要模仿普通学员可能有的社群行为，尽量提前编辑好话术和"剧本"，带动群内学习的气氛，从而吸引更多人一起学习和互动。

群内一旦有人聊到与学习相关的话题，运营方尽量多沟通，从而引导出更多活跃气氛的话题，以提高群内学员参与话题互动的频率和回应的质量。

有一个细节需要注意，不管是群内提前通知上课，还是发布报名的信息，一定要有统一回复的话术，这一点利用了人的从众心理——当有人回复时，其他人也跟着回复，此时社群的活跃度和参与度会有所提升。

(9) 师生互动

老师或者助教跟学生的互动情况也会影响用户体验。师生之间如果有更深入的互动，后期转化会更高，体验感也会更好。

学员花钱来学习，大多数是为老师来的，老师的信任背书一般是比较权威的，这是老师这一职业的优势。

在执行训练营项目的过程中，一定要做A/B测试（对比测试），并且要不停地打磨课程的内容、完善训练营的各个环节，经常进行复盘，从而对训练营的整体情况有更深入的了解。

例如，一些社群课程项目中，从体验课开始就为用户的体验感服务，从入群仪式、社群打卡、上课提醒、社群小分享、助教点评、互动服务、用户证言，到最后的促进成交，每个环节都让用户觉得顺其自然并且愿意付款。

训练营的高频互动非常重要，如果每个环节都能给用户一个好的体验感，那么这个训练营基本可以算是成功了一大半。在策划和执行训练营的过程中，一定要让用户多参与、多互动，让用户在社群里有更多的收益，这样用户后续的体验感和转化率才会更高。

第 3 章
社群定位和私域 IP 打造

本章主要知识点

◇ 社群的结构：群主 + 群员、群主 + 管理员 + 群员、群员、群主 + 自发组织。

◇ 社群的定位：社群定位 5W 法及找准社群定位的方法。

◇ 私域的 IP 打造：IP 的打造方法和运营私域 IP 朋友圈内容的方法。

在运营社群的过程中，第一步就是做好社群定位和私域 IP 打造。本章将带领读者了解社群的结构，并学习社群定位的方法和私域 IP 打造的方法。

3.1 社群的结构

要对社群进行精准定位，首先要了解什么是社群、社群的分类和标准，以及怎样选择适合的社群结构。

3.1.1 常见的社群结构类型

每个社群都有适合自己的结构类型，而不同的社群结构类型又有不同的发展方向和运营策略。例如，一个卖货的社群，社群结构可能是一个群主（如个人 IP：卖菜大妈）加上多个群员（也就是用户）。这样的群结构是非常鲜明的，一个顶层和多个下层的结构，如图 3-1 所示。

社群其实也是一个小小的社会组织，因此会出现社群的结构和角色分工。

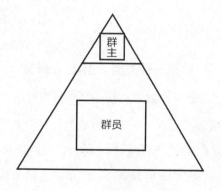

图 3-1　群结构示意

每一种社群结构都有比较好的经典案例及运营方式，社群结构不一样，私域操盘手选择的运营方法也会不一样，而这些又对应了社群需要产生的价值和目标需求。这就如同钥匙和锁的匹配过程，匹配成功，钥匙才能打开锁，因此结构在整个后期做社群运营时会显得非常重要。

笔者遇到过一位学员，是平台电商转私域电商，通过微信进行卖货的。在做社群运营的过程中，他的社群怎么做也活跃不起来，进群的用户挺多，但他们不成交、不说话，最后他差点放弃了微信社群的运营工作。在进行社群运营问题咨询的过程中笔者发现，其实他最大的问题是一开始没有想清楚整体的运营框架和社群结构。

如果社群管理者自己都不清楚社群的结构，那么在运营中究竟需要几个人管理、几个人进行内容输出、几个人活跃气氛,都会非常不明晰。而建群的目的如果是卖货,就需要使用群主的人设搭建、代理分销或者建立会员体系等来进行社群的激活。这些都是在开始构思框架时就需要想清楚的。

上述案例中的学员明确了社群结构及运营框架后,进行了社群结构的重构,通过搭建人设以"引流话术+代理招募"的方式,激活了整个社群。

笔者通过操盘经验总结了图3-2所示的几种常见的社群结构。

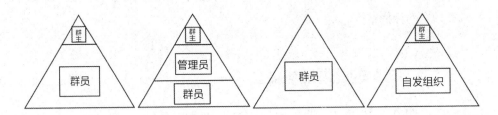

图 3-2 常见的社群结构

1. 第一种类型:群主 + 群员

群主+群员的结构是比较常见的,一些IP类型的、KOL类型的社群都是这种结构。比如一个知识付费类社群的老师,在进行社群运营时就会按群主+群员的结构建群。群主就是老师,负责解答问题、提供内容咨询服务、发布信息等。这种结构对群主的要求比较严格,在整个社群运营过程中,相当于由一个IP来引领社群所有的价值输出。

2. 第二种类型:群主 + 管理员 + 群员

这种结构的优点是整体结构为三层,当群主忙的时候,群内仍然有人管理;缺点就是,因为有管理员的存在,群内氛围的好坏有时会取决于管理员是否用心。这种社群结构通常用于卖货群或学习群。管理员有可能是公司专职员工,也有可能是在社群运营过程中招募的兼职人员,通常分配做学习委员等岗位,协助课程方一起运营社群。

3. 第三种类型:仅有群成员

这种结构在日常群里比较常见,如家属群、同学群,这类群其实并没有对群主的要求和权限进行明确的区分，群主也不必做日常的社群管理，经常是社群自主活跃、群成员自由沟通。因此，这类社群的价值以日常交流为主，有比较大的社交价值，商业价值有限。

4. 第四种类型：群主+自发组织

群主作为领头的管理者，邀请所有群员共同营造社群氛围，从而带动社群内容和活动体系正常运转，产生社群价值。这种结构通常会在学习群中见到，如打卡训练营、案例学习群等。群主作为整个社群团队的负责人，会带领每个成员共创社群价值，如共同拆解案例、共同读书、共同运动、共同减肥等。这种社群在整个运营的过程中，价值体现会更高级一些，社群气氛会更活跃，因为这种结构的社群有着天然的话题属性和兴趣爱好属性。

3.1.2　匹配适合的社群结构及相关的注意事项

通过对常见社群结构类型的学习可以看出，每种社群都通过适合自己的结构来搭建社群的内容框架。那么社群该怎样选择适合自己的结构呢？其实所有的社群都有自己独特的社群基因，这种基因会匹配到不同的行业、不同的运营方式。例如，一个卖货团购社群的基因是推荐好物、群主"种草"。

在进行社群结构匹配的过程中，非常重要的环节就是把精准用户了解清楚，然后匹配对应的社群结构类型。

下面提供了几个社群运营结构模型。

◎ **知识付费**：第一种类型、第二种类型、第四种类型。
◎ **社群团购**：第一种类型。
◎ **社交电商**：第一种类型、第二种类型。

有的同类型的社群会选用不同类型的社群结构，比如知识付费类社群，有基于IP进行的群主答疑群，也有基于学习兴趣建立的案例拆解群，虽然都算作知识付费类社群，但运营方式不太一样。

匹配不同的社群结构后，需要注意的事项如下。

◎ 群内成员与群主的关系是紧密还是生疏。群内成员与群主的关系如果比较紧密，那么容易产生连接及价值，也更容易促成订单。

◎ 社群运营人员提供的群价值是否够。如果提供的价值不够，那么社群的被关注度就会降低。社群的价值降低，也就意味着社群重要程度降低，群内的转化成交也会减少。社群能产生的价值是社群运营的重要考核指标之一。

◎ 社群建立的时间节点和群内人员的结构。社群在被创建的第一个时间周期里是最为活跃的，时长一般为1~7天，这段时间对打造社群的价值和塑造群主IP是很重要的。如果第一时间没有明确社群价值，那么用户后期很有可能在群内难以活跃，从而影响社群的各项运营指标。

◎ 社群运营人员的时间和精力。运营人员花费的时间和精力也是社群质量重要的影响因素，运营人员付出的时间和精力一般会和产值成正比。

◎ 社群成员的行业和属性。不同的成员结构对社群有着不同的影响，社群的质量在很大程度上也取决于社群成员的行业和属性。

3.2 社群的定位

了解了社群的常见结构类型以后，就需要进行社群定位了。

3.2.1 社群定位5W法

每个社群都有自己的定位，而且社群的定位和社群的用户是需要匹配的。例如，一个卖母婴用品的社群，其基本的定位一定是基于母婴群体确定的。

我们可以用5W法来明确社群的定位。5W即Why、What、When、Where、Who。

Why——为什么做社群？社群的目标是什么？

What——社群的价值是什么？它能带来什么？

When——什么时候开始做社群？

Where——准备用什么工具（如微信、QQ等）实现？

Who——社群适合哪些人参与，用什么样的社群结构，采取哪些社群规则，搭建哪些岗位的运营团队？

使用5W做社群定位时，需要进行以下思考。

1. 确立社群的目标

有些社群是用来吸引用户进群然后转发广告的；有些社群是对精准用户进行精细化运营维护的；还有一些社群，其本身就有商业价值，是用来转化成交的。总之，明确社群的目标，才能确定下一步行动。

2. 根据社群的目标打造社群的价值观

每个社群都有自己的价值观，打造与社群目标一致的价值观是非常重要的。如果群内成员的价值观不一致，那么整个社群里不协调的因素就会很多，导致社群不活跃或者出现争执等情况。如果是一个兴趣爱好社群，那么每个人都应该对自己的行为负责，如不乱发广告等，这样社群才能更好、更长久地发展。

3. 确定使用的工具和方法

在确定好定位框架以后，需要明确用什么样的工具和方法进行成交，比如用个人微信或企业微信；用什么样的管理工具进行管理，管理的频次是什么样的；需要借助哪些辅助工具进行成交操作或者打卡等。目前企业微信经常被社群运营人员使用，有很多开发完备的企业微信第三方工具，可以很大程度上提升社群运营的管理效率。

4. 组建社群运营团队

私域流量火了以后，很多公司都开始招募社群运营人才，优秀的社群运营人员变得越来越重要。如果仅仅是简单的流量社群，那么用简单的社群运营工具即可有效进行管理。但如果是精细化颗粒度很高的社群，就需要投入更多的时间和精力与用户进行互动，按照人手分配去招募更多的社群运营人员。一个好的社群运营人员既能输出知识、跟用户聊天、懂得怎样吸引用户的注意力，还能处理突发情况。随着公司的发展，社群运营岗位也可能会越来越多。

5. 明确社群的规则

社群规则一般包括以下几个部分：入群的人员是谁（如性别、年龄、地区等）、入群的门槛（如是否免费等）、需要遵守的群规（如入群要改名，或者做自我介绍等)、违规处理(如发广告、刷屏、起争执的处理方式)、群福利(如在群里能获得什么资源),等等。

3.2.2 如何找准社群定位

社群定位精准能让社群运营效率更高。例如,一个社群的精准定位是读书,所有成员都围绕读书做整体的共创,那么在读书的过程中,会精细到每个人每天是不是打卡,是不是复盘,是不是有输出,同时给予正向的奖励和反馈,如读书币、读书奖学金等。这样下来,这个社群会因为有精准的读书定位而更容易运营。

再如,一款产品的代理群,进群的人本身就是某款产品的代理,这个群的定位非常精准,即赋能代理并把产品卖出去,让代理学到更多的技能,收获更多的财富。所以,这个社群根据精准的定位设定了运营计划,如定期冲刺排名激励、周总结会、代理成长培训计划、代理分享会等,这样社群也能长期保持活跃并产生价值。

1. 从用户的维度进行社群定位

明确自己的用户群体,想给他们提供什么样的价值,以及要换取他们什么样的回报动作,这是从用户维度进行社群定位需要明确的内容。具体找准社群定位的方法为:确定用户画像、调研用户需求、匹配社群价值、产生社群定位。

准备做社群,首先一定要了解自己的用户,可以采用调研用户画像的方法来进行,通过问卷、观察、访谈等方式调研用户的需求。用户画像越精准,做社群定位的过程就会越清晰。因为一个用户的兴趣爱好和习惯是长期养成的,如果能够抓准用户的需求和痛点,那么这个社群的价值就会非常大。

有了用户画像,如爱车一族,就可以匹配社群的价值和产品。例如,有车的人通常需要加油,而且会有换车的需求,同时有车的人也喜欢自驾游,会有买车险的需要。所以,从有车这个用户画像里就可以精准定位社群的主题及价值,利用社群的定位给用户提供更加精准的社群价值,从而让用户留在社群里,保持在群内的活跃性,并产生购买行为。

精准匹配社群属性是非常重要的,特别是在社群搭建初期。如果你的社群能够满足大部分人的需求,这个社群的价值就会被无限放大,用户在社群里也更容易转化成交,甚至成为你的代理。

当弄清楚用户群体属性后，就可以根据不同的群体匹配适合的社群，如图3-3所示。

图3-3 匹配适合的社群

2. 从产品与用户互动频次的维度进行社群定位

◎ **高频高客单价的社群**。纸尿裤、奶粉等母婴用品都是高频且高客单价的，是用户的刚需产品。这类产品根据用户的决策周期，可以采用"种草"内容、意见领袖带货推荐，以及微信社群、小程序互动、直播等方式进行销售。这样不仅能使流量增长，还可以带来更多的私域用户，从而增加销量。

◎ **高频低客单价的社群**。零食、生鲜和部分鞋服类都属于高频低客单价的产品。这类产品因为用户购买频次高，所以只需要管理好微信社群、搭建好朋友圈、小程序能进行互动，以及做好活动设计就可以了。

◎ **低频高客单价的社群**。奢侈品类和数码类都是用户决策周期比较长，购买频次比较低的产品。销售这类产品一般需要先树立个人人设，如超级导购员人设等，然后基于信任，由线下的实体门店进行赋能，通过微信进行私聊，以打造朋友圈人设的方式进行产品的销售，这样成功的概率会更高。

◎ **低频低客单价的社群**。低频低客单价的产品不适合私域销售，因此不在私域范围内体现。当然，如果用户消费频次低，但用户量比较大，也可以考虑通过扩充品牌的数量和产品品类来解决低频低客单价产品不适合私域销售这个问题。

私域里完整的产品定位至少要具备引流品、主打（常规高复购系列）产品及增值（周边）产品。这样的产品定位能够快速有效地获得私域流量的增长和转化。

3. 以消费市场评估社群的定位

做社群定位时，从消费市场来看，可以将社群定位分为教育培训、情感交流、社会流量、区域社群、行业社群、兴趣爱好等。

◎ **教育培训**。该社群定位经常在知识付费领域看到，这是以内容价值输出为主进行的社群运营，同时有一些社群会进行低客单价到高客单价的转化。这一定位的社群多数需要进行强运营，并且要给用户输出更多的内容和干货，让用户产生学习兴趣或者下单的欲望。

◎ **情感交流**。情感社群的定位不单是指男女相亲类型的社群，还包括亲友群、同学群。这类社群的定位非常简单，对于社群的运营也会偏向于更轻便的方式，群内成员自发在群内活跃的居多，同时很少出现广告，更多的是基于情感信任和情感交流来运营社群的。

◎ **社会流量**。社会流量通常可以说是"泛粉群"，这类社群用户往往是因为不同的活动、促销、裂变等被拉入社群的。这类社群一般用于筛选精准的粉丝，因此不具备太多的价值，运营时可以采用偏泛流量的运营方式。

◎ **区域社群**。区域性质的社群定位经常在二手闲置群、同城交流群、同城团购群、门店社群看到，这类社群的特点是按照区域进行划分，大家基于区域范围进行社群交互。

◎ **行业社群**。根据不同行业来确定社群定位，如运营交流群、操盘手交流群、卡车司机群、商业对接群等，这些社群都会根据行业来筛选用户，群内成员大多数是这个行业的从业者，在交流的过程中会更多地基于行业相关内容相互探讨，是比较常见的一种社群定位。

◎ **兴趣爱好**。人们除了有自己的生活和工作，还会有自己的兴趣爱好，兴趣爱好社群定位经常会沉淀于一些兴趣交流群，如绘画交流群、跑步、乐器爱好交流群，甚至是车友群。

4. 从运营时长维度来看社群的定位

通过一场社群活动形成的新群，需要考虑活动后社群的运营和解散方式。

如果活动后作为常规社群，那么需要对社群进行精细化运营，提升活动的筛选门槛，对用户进行精细化的运营，以提升活动后的复购。

如果作为活动快闪群,则可以降低门槛,主要用于裂变,活跃群内气氛,为成交做准备,并且成交后解散社群。这类快闪群的解散流程是:先通知用户社群即将于某个时间解散,让用户按照活动要求进行相应的动作,一般提前 24 小时通知;在解散前 6 小时、4 小时、2 小时进行倒计时提醒;最终解散社群。注意,解散前要进行社群的解散说明,并且更改群名。

3.2.3 举例说明如何做社群定位

案例 1　轻食类型的餐饮门店私域社群定位

这个餐饮门店的需求是做社群,首先要进行社群的定位。通过调查发现,用户画像为 20~35 岁的女性,喜欢瑜伽、减脂,并且有减肥和健康的需求。这类用户基本上是该餐饮门店附近的办公白领,平时喜欢订外卖。

拆解定位:进行社群定位的时候,先考虑 5W 法。

Why(为什么):为了促进用户到店及线上点餐消费,拉动用户消费频次。

What(是什么):给女性提供新型的减脂营养 + 运动建议,承包营养餐。

When(什么时候):从筹备到开展活动,用时 1 周。

Where(在哪里):使用微信进行管理。

Who(是谁):爱美的年轻女性白领。

这批用户的社群价值在于社交和知识属性,以饭店推荐、红包优惠、多人拼餐、到店约饭、新品体验等方式来进行社群的运营和维护。

社群的定位需要根据社群用户的基础画像来确定。在这个案例中,因为用户是年轻的女性白领,所以需要先调研这群用户的需求、爱好和习惯。

经调研,这群用户喜欢瑜伽、减脂等,有健康需求,以此切入,可以明确社群的定位,如瑜伽分享打卡群、健身减脂轻食群,这样既有社交属性,又有内容属性。这种社群定位属于比较精准的,从好身材和对健康的追求出发,可以创造出很多内容和话题,精准地引导用户从减脂、健康运动、线下体验、营养轻食几个方面参与社群互动。这样能够快速地让这群女性白领用户在社群里产生话题和黏性,从而购买门店的轻食餐饮产品。

3.3 私域的 IP 打造

对社群进行定位以后，就知道社群有着什么样的属性了。这种属性决定了需要用什么样的群主形象或者管理员形象进行社群的运营。

3.3.1 IP 的打造方法

1. 打造个人 IP

IP 打造通常包括个人名称、个人头像、朋友圈封面和个人签名。

试想一下：加一个人为好友的时候，会先做什么事情呢？

一定是先看对方的头像和名称，然后看他的朋友圈，第一眼看到的就是朋友圈封面和个人介绍页面，这样对这个人会有一个基本的印象。

当然，IP 并不一定指个人，也有可能指一个品牌。目前市场上品牌拟人化的案例层出不穷，比如瑞幸咖啡的私域 IP 就是首席福利官，完美日记的私域 IP 就是小完子和小美子，这些都是将品牌拟人化的象征。

为了加深别人印象，在微信中也需要做好自己的包装和人设。

名称一般会取一个让人印象深刻、脱颖而出的名字。自嘲也是一种取名的方式，比如"罗胖"这个名字就特别有意思。那么行业取名呢？一定是精准定位的几个字，不要太多，以免别人难以记忆。就像笔者取"私域操盘"，就非常简单，大家一看就知道这个账户是做社群及操盘项目的。

设计个人头像时，有些人会用生活化的照片，有些人喜欢形象照，还有些人则用动物照片。品牌的客服经常会用一些他们代言 IP 的头像。头像的使用方法多种多样，经常根据不同的定位来做区别。

如果是一个卖面包的账号，就可能会用一个厨师或做面包时的照片做头像，让大家对账号立即产生印象；如果是一个老师的账号，则可以用自己上课时的照片或者形象照做头像，让大家产生信任感。

朋友圈封面的打造其实跟朋友圈的打造是一体的，一般要突出自己的行业、专业，以及行业的影响力等，让用户明确地知道你所做的事。

如果自己的头像与封面不搭，那么用户很容易产生不信任感或认为你不专业，这会对未来做自己的私域和成交时非常不利。

这里建议对客服或者品牌的个人介绍要生动、有趣。根据自己的风格去设计个人介绍，务必几句话说明定位，配合自己的 IP 输出内容。例如，餐饮业的客服可以写"拍拍我，就在店里吃鸡给你看"等，这样既能让用户觉得有意思，又能明确你是一个客服。

搭建人设对于私域社群运营非常重要，首先一定要对自己有一个清晰的认知，标签在其中起到很大的作用。打造标签时，可以采用的方法如下。

◎ **模仿知名人士**。"电商小韩红""社群小马丽"等就是模仿了知名人士，可以让人快速记住，这种人设很适合做个人 IP 时使用。

◎ **跟动物、图标等联想挂钩**。"文案宋小狗""私域小 Q"等名字也非常容易让人记住和联想。跟动物或者图标挂钩，通常会有独特的 IP 属性。

◎ **跟行业、专业挂钩**。如果是做文案、新媒体或者医生的人，就可以把自己的行业、专业跟 IP 名称挂钩，如"健康营养科陈医生"，这样的 IP 非常清晰，能够让人快速地把你的专业和行业挂钩。当大家遇到健康方面的问题时，就能第一时间想到你，并且找你咨询。

◎ **跟兴趣爱好挂钩**。把自己的兴趣爱好和 IP 挂钩也是比较不错的方法，比如一些关于跑步的跑团团长，就会直接叫"××跑团团长"等名称。因为跟自己的爱好挂钩，可以让大家很快地在相应的场景中想起你，这种能让人印象深刻的标签非常适合做个人 IP 的定位。

做整体 IP 定位时，一定要做好 IP 的划分，标签一定不要杂乱。曾经有人咨询过笔者，做法律咨询和会计注册可不可以用两个标签来做 IP？笔者给的建议是，尽量用一个 IP 去联系两个场景，如果差距实在太大，那么一定要放弃一个标签，用最能让大家记住的那个标签做个人 IP。

2. 打造私域社群 IP

想要打造一个好的私域社群 IP，其实与打造个人 IP 有异曲同工之处。目前很多企业在使用企业微信做私域社群的运营，而企业微信每天展示朋友圈的信息条数有限，并且无法与客户的朋友圈进行互动。因此在很多社群运营场景下，需要打造一个更好的私域社群 IP 进行运营。

打造好的私域社群 IP 的目的如下。

- ◎ 让用户快速产生信任感。
- ◎ 承担好品牌或者企业的品牌宣传功效，让用户更贴近品牌。
- ◎ 短期内快速测试新产品在市场的反馈，及时进行产品的迭代升级。
- ◎ 做好社群运营，提高社群活跃度和产品的成交额。

好的私域社群 IP 经常需要符合以下要求。

- ◎ 角色鲜明，行业明确。
- ◎ 能给他人带来价值，如专家形象、老师、顾问等。
- ◎ 尽量俏皮可爱，符合用户人群的画像需求，这种人设是多数人比较喜欢并愿意沟通的。

要想打造一个好的私域 IP，就需要打造相应的话题、表情、语气用词、标点符号等。认真看每个优秀私域社群 IP 的搭建体系，你会发现，其人设非常鲜明。有些是好为人师的，群员说什么，他都会出来解答问题；有些是很低调的，不怎么爱说话，一说话就是金句；还有一些则是新手，总是有很多疑问和话题，需要他人来解答问题。

做企业服务的过程中，打造私域社群 IP 通常会根据社群的用户情况来确定用什么样的 IP 定位。很多品牌的社群会采用首席福利官之类的称号来打造群主的人设。

3.3.2 如何运营私域 IP 朋友圈内容

1. 朋友圈展示的七大内容类型

要想打造好私域 IP 的朋友圈，一定要注意朋友圈展示内容的类型。

（1）感恩类

感恩领路人，感恩自己，感恩团队，感恩公司，感恩父母，感恩过往。

感恩类内容的优势如下。

① 感谢他人会让别人觉得你是一个懂得感恩的人，这样品质高尚的人一定不会是坏人，推荐的产品也不会差。

② 运用好这种类型的内容，对方会很容易认可你，觉得你是一个值得信赖的人。

发感恩类内容时的注意事项如下。

① 不要只说谢谢这个、谢谢那个，文案上要更具体、更有意思，比如"感谢××兄弟送给我的×××。认识很久了，关系像亲兄弟一样，我们要做一辈子的好兄弟。"

② 这种感谢类内容一般会带有打动人的故事，大家爱看的一定不是一个个文字，而是一个有情节的故事。所以，感谢不是生硬地发"谢谢大家对我的支持"，而是要讲一个完整、有意思、有情节的故事。

（2）见证类

① **客户见证**：自己的客户、团队的客户的见证。

② **公司见证**：创始人见证、团队壮大的见证、荣誉的见证。

③ **团队见证**：奖励见证、培训见证、帮助见证、成长见证、分享见证。

④ **收益见证**：团队的收益、自己的收益的见证。

⑤ **产品见证**：数据见证、迭代见证。

发见证类素材其实就是为了培养他人对自己的信任感，这类内容在朋友圈信息发布中应该占到较高比例。

这里讲一个故事：一个顾客因口渴到某超市拿了一瓶果汁，问老板："这个好喝吗？"老板回答："好喝，我女儿天天吵着要喝。"

这个故事告诉我们：自己说自己的东西好，不是真的好；别人说好，才是真的好。好东西一定不是从自己嘴里说出来的，而是要靠用户、顾客来说的。

用户表示肯定的截图，以及公司荣誉、团队分享、内训的氛围图，还有自己、团队、他人获得收益的截图，都是很好的见证材料。

（3）加入类

① 亲人加入。

② 朋友加入。

③ 牛人加入。

④ 陌生人加入，如抖音大咖、线下见面会（家长会、逛商场、学习会、交流会）认识的人。

加入类内容是为自己做信任背书的，身边的亲戚朋友加入是因为信任；牛人加入是出于对你的认可；陌生人加入是对你能力的肯定。

这类内容需要发圈，而且要以加入的信息截图来发圈。不管是在线下还是在线上，随时保持邀请他人加入的心态，随时让大家知道做事情需要坚持和有信心。

（4）生活类

① 晒娃。

② 晒景。

③ 晒美食。

④ 讲生活故事。

⑤ 发搞笑段子。

生活无处不在，如果没有生活，大家的朋友圈就会变成机械式的，充满广告。

那么，怎样在朋友圈发生活类的内容呢？试想自己正在刷朋友圈，哪些生活场景会吸引你的眼球呢？通常豪车、美食、萌娃、萌宠、搞笑段子、生活故事等作为生活类内容会比较容易引起关注。

生活类的内容要尽量充满正能量，然后搭配美美的图，以及具有话题性的生活故事，这样用户会觉得你真实、有趣。

（5）互动类

① 聊天记录。

② 比赛点赞、评论。

③ 求赞：自黑求赞、共鸣求赞、提问求赞。

④ 句尾疑问。

⑤ 征集意见。

⑥ 游戏红包互动：评论或点赞给红包。

互动类内容是比较简单的，如用户夸奖产品的聊天记录。除了发圈，点赞和评论也是重要的互动方法。需要注意的是，为别人点赞、评论别人的朋友圈，可以以此求赞和求评论，然后发奖品。

互动效果非常好的时间段如下。

上午 6：30—7：00：多数人上午醒来会习惯性地看一看手机，这个时段发求赞类朋友圈，效果会特别好。

午餐/晚餐时间：去餐厅就餐，等上菜的时间，大家都会因为无聊而玩手机，这个时段发的内容，大家会比较乐意互动。

晚上 10 点以后：发吃的东西，互动率极高。（吃的东西越诱惑，人越馋，评论越多。）

朋友圈互动的次数反映了微信好友之间的关系，也反映了微信好友对你的印象的深刻程度。经常跟你互动、点赞、评论的人,大多是与你关系亲近的好友或者想靠近你的人。

(6) 节日祝福

别只祝福好友本人,祝福好友的家人,效果会更好。例如,母亲节就祝天下所有的妈妈节日快乐。这样做非常有话题感,也能让用户感受到你的用心。

(7) 活动通知类

活动通知类包括新消息发布、倒计时发布,以及优惠政策的发布,适时发布就好。

2. 发圈时间和节奏

发圈时间和节奏如表 3-1 所示。

表 3-1 发圈时间和节奏

发圈时间	发圈内容	注意事项
上午 7 点—9 点	生活类	符合人设、有趣
中午 12 点—1 点	见证类	真实、"种草"
晚上 8 点—11 点	活动通知类、其他类	互动、话题、福利

发圈一定要有节奏,要把握好时间。发圈时间一定是大家都比较空闲的时间,发圈的时候要自己审核一下文案内容。如果不太会发,刚开始时可以模仿身边做得好的朋友圈,模仿内容包括语气和感觉,一定要让他人感受到正能量和有趣。

一个精心打造的朋友圈就如同一个展厅,不仅能收获一大批用户,还能让新进来的用户一下子就认识你并感受到你的生活状态。

社区团购发圈文案的参考如表 3-2 所示。

表 3-2 社区团购发圈文案

时间	上午 9 点	中午 12 点	下午 4 点	晚上 8 点
6.19	今日份的早餐(前几天团购的美食或水果摆盘)吃得很开心,生活的美好要靠自己发现		今天团购的产品是××(介绍产品)	顾客对我们的满意是我最开心的事情(发用户购买见证截图)

续表

时间	上午9点	中午12点	下午4点	晚上8点
6.20	今天我们来做一个小活动。父亲节要到了,在我这条朋友圈点赞的第5位、12位、36位、56位好友可以来我这里领取一个试吃装或者礼品(图片配当天团购的产品)		赶紧为我上一条朋友圈点赞,今天点赞截止时间是晚上8点,到时会公布中奖名单噢!	(配截图,将中奖用户圈起来)红圈圈里面的用户,快来找我兑奖啦!恭喜大家中奖噢!礼品在等着你,感谢关注××团购,我们还会为您提供更好的服务!
6.21	今天是父亲节,父爱如山,想起了我的爸爸,要给他送一束花,××(产品名)父亲节活动开启啦!		父亲节到了,是不是要送父亲一个礼物?把这个送给我的爸爸好吗?你准备送什么?	
6.22	(生活感悟)有时候觉得人一定要学会享受生活,对自己好点儿		父亲节的礼物大家已经取走	
6.23		中午吃的什么?看我做的美食,猜猜看,你吃过这个吗?(引导下方评论)	端午节要到了,你们都放几天假?准备去哪儿玩呀?	
6.24	今天给孩子做的早餐,是不是很美?		今日团购爆品推荐,这个真的好!	
6.25	端午节的活动来啦!是不是端午节都被粽子占领了?		陪家里人出来玩儿,端午假期出去旅游,不然快憋坏了	
6.26		中午要吃好吃的,你们吃了什么呀?		家里孩子真是喜欢捣乱,好不容易叠好的被子被他一下子弄乱了,神兽带来的无奈

续表

时间	上午9点	中午12点	下午4点	晚上8点
6.27		（美食分享）吃完了会不会变胖呢？忧伤		出来玩儿，神兽很开心，很早就睡了。明天又要开始新的一天啦！你们的工作还好吗？
6.28	上班第一天，要给自己打个气！离下一个假期还剩×天！		团购活动开始啦！赶紧抢福利！	
6.29		今天团购的好东西，你们不来点儿？		我买的团购水果一下子就被小孩子吃完了。这速度抢得太快了，妈妈抢不到呀！
6.30		（用户好评截图）产品真的不错，我们的品质就是好		
7.1	今天是建党节，热爱祖国，热爱党！		××说，买××还是得找我们，用户觉得好才是真的好，很开心能跟大家分享好吃的东西	
7.2		（中餐）美食你喜欢吗？是团购的呦~一下子就抢光了！		截团啦，最后通知一下，马上就没啦！到时候找我也没用啦！
7.3	爱笑的人运气不会太差，我觉得我的运气应该会比较好！			
7.4		中午休息时间，来一个笑话（网上找一个跟团购产品有关的笑话）		晚上还在加班的同事。因为要选产品，为大家提供优质的产品（附相应图片）

续表

时间	上午9点	中午12点	下午4点	晚上8点
7.5	今天的点赞活动又来啦！中奖的人我会送××噢！本条消息第4位、12位、26位、47位、66位点赞的人将获得礼品		我的朋友圈上一条快去点赞，还有名额，晚上8点公布结果噢！	截止时间到啦！恭喜中奖的朋友，快来找我领奖噢！
7.6	做团购这么久了，非常感谢大家的支持，感恩！	（美食分享）看上去是不是很像一个××？		
7.7	开团啦！（团品介绍）今天必团啊！			团购要截止啦！感谢大家，最后一单了！

打造朋友圈的人设，根据人设和口气的不同，会有不同的风格，但基本框架是不变的。按照用户互动、分享美食、团购感想、案例"种草"等框架进行规划，就可以打造一份属于自己的精准朋友圈内容。

第 4 章
私域的引流

本章主要知识点

◇ **流量来源**：线下流量、平台流量、私域裂变流量、IP 流量、商业品牌流量。

◇ **如何引流**：引流工具的准备，引流内容的准备，引流渠道的准备。

要做私域的引流，首先需要解决流量来源的问题。针对不同的流量来源，需要通过不同的方式进行流量的引入和承接。还有一个环节比较重要，就是在操作完毕后，通过数据评估引流的效果。

4.1 从哪里引流到私域流量池

4.1.1 线下流量引流

私域引流是相对于公域而言的。公域是指不能免费反复触达的流量平台，而私域指的是可免费反复触达的流量平台。因此，私域流量并不只是微信系统下的流量。本书中所讲的公域流量池和私域流量池是相对而言的。

私域引流中，线下的流量与私域流量是紧密相关的。门店往往是天然的流量体，而在门店浏览、消费的客户，被引入微信后，就可以变成免费且可反复触达的私域流量。

下面以连锁母婴门店孩子王为例，拆解线下流量如何做私域流量的引流。

案例 1　孩子王

孩子王公域平台相比一些新消费品牌做得不是很出彩，但孩子王的私域起盘还是挺不错的。从开始主推孩子王 APP 和会员到引流至企业微信，每一步都很扎实。而且孩子王的私域链路还算清晰：主要从公众号、APP、门店顾问、视频号、门店、小程序、直播间、朋友圈引流到企业微信个人号，再引流到社群，最后引入 APP 中进行分销并参与活动。图 4-1 所示为孩子王的私域整体布局。

仔细观察图 4-1 的入群链路可以发现，孩子王通过 APP、小程序、视频号、公众号等进行入群引导。

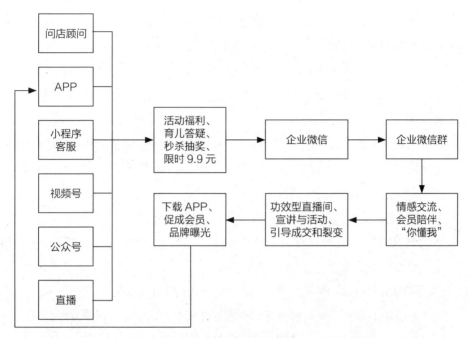

图 4-1　孩子王私域整体布局

孩子王会把所有用户都加为孩子王官方企业微信的好友，再邀请用户进群。这种用户体验流程如图 4-2 所示。

图 4-2　用户体验流程

同时，孩子王不同定位的社群也会进行不同的精细分层式的运营，社群用户会有高度的黏性和精准的需求。

值得留意的是，孩子王私域宣讲的场景感非常强，除了产品，还会在直播间阐述孩子王的使命、愿景和价值观，以及会员的优惠、福利等。在直播间会更容易与用户建立黏性。

将门店顾客引流到私域流量的过程中，重要的是门店引流的方法。门店的服务台、落地易拉宝、台卡、小票、导购码等都可以作为门店引流到私域流量池的方法。

线下门店通常可利用的引流方法如下。

◎ **市场活动**：如扫码加好友、扫码进群可参与活动。

◎ **异业资源**：周边社区群主、异业机构等，通过资源置换，开展线下联名活动，将线下流量转化为自有的社群流量。

◎ **线下物料**：场内海报、店铺POP广告、周边物业宣传等。

对于零售企业而言，私域流量是一个自循环体系，是企业可持续发展的核心，也是企业的数字化护城河之一。构建私域流量护城河的第一步就是做好流量的导入，做好线下门店的引流、线上私域流量平台的用户触点布局，充分发掘"门店+公域电商+私域电商"的作用，做好全渠道营销。

4.1.2 平台流量引流

对于大部分的品牌商家而言，平台流量指的是需要付费触达或者只能单次触达的流量，公域流量加上私域流量可以获得更高的用户价值，有利于对用户生命周期进行精细化管理。

2020年之前是平台电商主导的年代，商家主要通过淘宝、天猫、京东、唯品会、拼多多、抖音等公域流量平台获取流量，以推广自己的产品和服务。而这些平台的流量都属于公域流量。

但这几年商家们发现，从平台获取流量的成本越来越高，而且平台流量的集中化趋势越来越明显，平台会把客户、交易数据和触点流量等当作自己的核心资产，不会完全共享给商家们。

因此，如何玩转私域电商，将其作为公域流量的有效补充，已成为摆在品牌商和渠道商面前的一道必须面对的新课题。

借着"私域流量"概念的火爆,大批品牌商家和电商企业开始进行私域玩法。例如,平台电商采用的是专营店逻辑,私域电商采用的是集合店的逻辑。

需要强调一个观点:私域流量运营不只是简单地拉群、发红包,还包括用户精细化打标签分层管理、建立黏性与信任。总之,这是一个有温度同时兼顾体系化的运营工作。

以社群流量运营为例,通常需要经过图4-3所示的3个环节,即流量来源、留存转化、裂变增长。

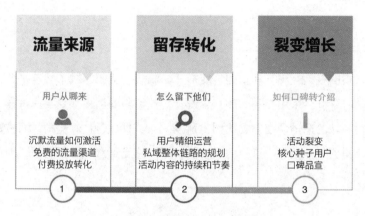

图4-3　社群流量运营3个环节

启动自己的私域流量前,要清楚品牌价值观的私域输出、私域产品的4P优势、流量和产品资源体量及用户画像。客户资源不等于可转化资源,用户画像是首位,了解用户群,根据人群共性需求制定产品策略、价格体系。

私域流量的价值是信任连接与复购裂变。私域用户的留存与转化是需要培养的,而不是"割韭菜"的逻辑。基于这样的底层逻辑,私域端要做的就是延长用户的生命周期,提升用户生命周期的总价值。要最大限度地放大用户生命周期总价值,运营的关键是私域IP打造、流量导入、内容运营、活动策划、用户运营和权益运营。

进行平台流量转化时,通常可以采用图4-4所示的流程。

图4-4　平台流量转化流程

4.1.3 私域裂变流量引流

除了从外部引流到私域流量池，私域流量本身也可以通过裂变的方式来增大私域流量池的用户体量。在私域流量的裂变中，没有社交就没有成交。因此，信任关系是裂变里非常重要的一个因素。如果与用户不是朋友关系，信任关系不够强，那么裂变的难度会很大。

所有的裂变都是基于社交关系的设计，那么裂变的关系链是如何设计的呢？一般有以下几种形式。

1. 复利式

复利式指的就是互惠互利式的裂变形式。滴滴、美团、饿了么等平台在做营销裂变的活动时，都会采用复利式的互惠设计，让参与的用户都受益。这样的裂变形式也体现在私域的邀请裂变上，比如邀请 × 个人可以获得 × 奖励，而被邀请的人同样也可以得到某些福利。这样的活动能让用户感受到参与者都受益，因此更愿意自发地去做分享和裂变。

2. 众筹式

众筹式指的是人人帮"我"的裂变形式。众筹式与复利式的不同点在于，这个任务是单边受益的。比如 A 有一个任务需要 B 来帮助完成，B 帮 A 完成任务之后，A 能获益，而 B 什么也得不到。这种私域裂变形式常见于拼团、助力点赞等活动，用来做裂变拉新和促进成交，能带来很多新用户或者增加销量。

3. 共享式

共享式指的是"我"帮人人的裂变形式。这种形式就是把"我"的权益分享给他人，使得他人能够受益，典型的如微信红包，A 把自己的钱分给 B，B 要提取使用，就需要使用微信钱包功能。

以上 3 种裂变关系链的区别如图 4-5 所示。

图4-5 3种裂变关系链的区别

4.1.4 IP流量引流

在头条系平台（今日头条、抖音、西瓜视频等）的千人千面推荐算法产生的流量体系下，有越来越多的人通过"被看见"在建立个人的影响力，在做自己的个人品牌IP。他们有的是某个行业的专家；有的是某个领域的知识博主，在某一领域有自己的专长；有的则是对某个领域比较感兴趣或者是某一方面的生意行家，通过公域和私域联营的模式不断影响一批批忠实的粉丝。

抖音、小红书、微博、B站提供了非常好的展示自己IP的公域流量平台，能真正实现通过好的内容产生自己的公域流量。

微信提供了好的社群工具，包括个人微信、微信群、企业微信、公众号、视频号、小程序等，为个人和企业做私域流量运营提供了天然的好环境。

大部分想做或者正在做个人品牌IP的从业者都知道自己擅长哪一块，自己的定位是什么。如果这些都没有想清楚，那么做起来会没有方向，效果也不好。

在互联网时代做个人品牌IP，前期持续输出内容是非常重要的，哪怕输出的内容比较普通。

很多人做个人品牌IP都不能持续输出内容，持续输出优质内容更是难上加难，为了能够持续输出，如果遇到没有内容可写，就可以转发和个人品牌相关领域的文章，或者写一段小感想，甚至发一张照片。

案例 2 "郝大厨"个人品牌 IP 的私域体系提升

项目背景

郝大厨以往主要通过社交媒体公域平台，如抖音、快手、小红书、B 站等，做内容运营。其全网社交媒体公域平台累计近千万的粉丝，其中微信私域内互动粉丝超 2 万人，被抖音的官方推荐为美食类达人。郝大厨以明确的人设、真人内容创作、菜品独特而有创新性为特点，吸粉无数，私域社群粉丝忠诚度高。

项目实现

该品牌由于当下私域变现效果不理想，根据个人品牌 IP 进行了私域运营体系的升级和私域流量变现的设计。通过微信进行了私域流量运营和私域流量变现模型的搭建，从抖音、快手公域引流到微信私域，建立了和用户的私域链接，通过个人品牌 IP + 私域流量运营和私域流量变现，实现了整体的私域变现闭环。私域体系的搭建结构如图 4-6 所示。

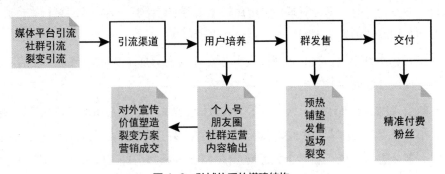

图 4-6 私域体系的搭建结构

在个人品牌 IP 领域，做好公域 + 私域社群就能经营好自己的私域流量。只有经营好自己的私域流量，商业变现才有可能成功。郝大厨的个人品牌 IP 私域变现有两套变现路径，即知识付费变现和社群团购变现。

1. 知识付费变现

（1）发售流量引流

◎ 引流神器，需私信：抖音、快手、小红书等短链接引流。

- ◎ 修改并测试"钩子":平台介绍、评论、专辑名引流。
- ◎ 原有包裹卡快递单发布:包裹快递卡引流。
- ◎ 短信发送或电话外呼:原有用户引流。

(2) 发售前运营

- ◎ IP、微信(微信名、微信封面、微信头像、微信简介)打造。
- ◎ 设置进群门槛(9.9元)或免费进大厨会员群。
- ◎ 社群价值塑造、内容运营、配方研发造势。
- ◎ 朋友圈运营、养号。

(3) 活动策划

- ◎ 大厨学徒创业班招募啦!
- ◎ 秘制配方、相关资料、精选做法。
- ◎ 郝老师线下见面会一次(含合影签名)。
- ◎ 未来大厨店股东优先名额。
- ◎ 单独定制配方权益(额外收费)。

2. 社群团购变现

(1) 团购流量

- ◎ 团长带来流量。
- ◎ 原有购买产品用户激活。

(2) 团购运营

- ◎ 供应链选品。
- ◎ 产品包装及文案设计。
- ◎ 团长管理及拉新。
- ◎ 团长招募裂变。
- ◎ 团长激励活动。
- ◎ 推品方法迭代。
- ◎ 自有产品渠道销售。

(3) 团长裂变

- ◎ 邀新有礼。

资源下载码:syusmt

◎ 团长线下沙龙。

◎ 团长体验官。

在整体变现中，首先要定位好IP变现的方式，并且搭建好引流、促活、转化、复购的整个体系。私域变现是个人品牌与粉丝的信赖及社交关系价值的体现。

案例 3 "螃蟹哥"个人品牌IP的私域变现

项目背景

这是一个往年仅做线下销售大闸蟹的公司，希望通过打造私域"螃蟹哥"的IP，进行私域的人设运营和转化，利用个人品牌IP进行了线上流量的运营。例如，以招收代理、开展企业团购活动、扩充非蟹季产品线等方式，实现用户在私域内的生命周期总价值。

项目实现

通过分享吃蟹的知识点、个人品牌IP的内容打造、在公众号和个人微信号上不断地输出内容，强化大闸蟹专家的人设。

不断地通过大闸蟹的礼券来挖掘私域代理渠道，同时基于往年的订单客户来挖掘大客户，并通过裂变抽奖、拼团有礼、大促活动、新品发售等活动实现私域流量的变现转化。

"螃蟹哥"个人品牌IP的私域变现模型如图4-7所示。

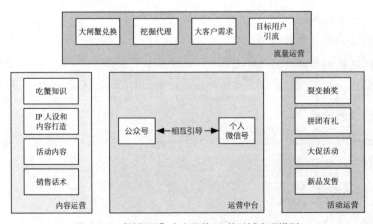

图4-7 "螃蟹哥"个人品牌IP的私域变现模型

该项目中，将公众号和个人微信号做相互引导，通过打造个人的知识内容体系进行转化变现。很多客户通过朋友圈浏览到分享的知识和活动信息，在微信私聊中进行下单成交转化。

4.1.5 商业品牌流量引流

商业品牌才是企业最稳定的流量池。为什么这么说呢？原因如下。

◎ 品牌解决认知问题。既能让消费者记住，又能和竞品区分开。（心智占位）
◎ 品牌解决信任问题。消费者为了放心，会优先选择品牌产品，错选的代价低。
◎ 更高级的品牌是一种文化或信仰，具备很强的韧性和生命力，如星巴克、可口可乐、苹果等超级品牌。"即使一夜之间工厂全部被烧光，只要我还有品牌，就能马上恢复生产。"这是可口可乐创始人阿萨·坎德勒的名言。

这样的例子很多，如下所示。

在选择运动服饰的时候，用户脑海里首先出现的是耐克、阿迪达斯、李宁等。
在选择房地产中介的时候，用户脑海里首先出现的是链家、我爱我家等。
想吃汉堡包的时候，用户脑海里首先出现的是肯德基、麦当劳、华莱士等。
想买家居用品时，用户脑海里首先出现的是宜家、网易严选等。
想吃火锅时，用户脑海里首先出现的是海底捞、呷哺呷哺等。
想换手机时，用户脑海里首先出现的是华为、苹果、小米等。
想换新能源车时，用户脑海里首先出现的是特斯拉、比亚迪等。

现今，很多消费者其实已经成了这个品牌或者那个品牌的粉丝（这一现象的专业说法叫品牌心智占位）。第一时间品牌联想指导下的购买动作，以及告诉他人的冲动，都是典型的粉丝行为，这些会为品牌带来稳定的流量。

关于如何快速建立一个商业品牌，特别是从工厂到消费者的新消费品牌，小米是一个非常好的案例。小米从一开始就和粉丝做朋友，让粉丝有了极强的参与感。

案例 4　小米品牌私域——"米粉"经济

2010年4月，成立了小米公司。团队在论坛上看到"定制化Android系统"的需求，大家一起讨论，觉得这是一个好机会，雷军决定先开发系统，并亲自参与开发工作。于是，基于Android系统，小米开发了自己的定制化Android系统：MIUI。

为此小米找了 100 个"发烧友",作为第一批内测用户。这些用户率先将手机刷成 MIUI 系统,深度体验,然后小米团队收集了他们的各种意见,在正式发布的版本中,融入了这 100 个人的意见。

2010 年 8 月 16 日,小米正式发布了第一个版本 MIUI。这 100 个"发烧友"就是小米的"100 个梦想的赞助商"。小米团队特地把 MIUI 第一版的开机画面设置成这 100 个人的名字,他们是 MIUI 最初的体验用户。这些用户看到自己参与的 MIUI,都很激动。

2021 年 8 月 10 日,小米集团在北京举办了小米秋季新品发布会。雷军在演讲中宣布,小米为了感恩"米粉"一直以来的支持,在小米手机诞生 10 周年之际,小米将以 1999 元红包的形式,在小米商城回馈购买过第一代小米手机的初代"米粉"。这项回馈没有使用门槛,没有任何套路,总金额约 3.7 亿元。小米的很多初代粉丝在收到 1999 元红包后第一时间晒了朋友圈。

毫不夸张地说,小米之所以能快速发展起来,很大程度上是因为最初 100 个铁杆粉丝的深度参与和第一代小米粉丝的支持。

小米在"米粉"经济里沉淀了大量细致的粉丝运营工作,具体的内容可以参阅小米联合创始人黎万强的《参与感:小米口碑营销内部手册》,这本书也是笔者团队给品牌粉丝运营官们推荐的品牌私域流量运营必读书之一。

案例 5　The North Face(北面)品牌私域社区"去野吧"

2007 年前后,The North Face 在中国的特许经营出现了问题,同时,品牌开始走大众化户外休闲品牌的路线。虽然 The North Face 仍然坚持产品必须通过专业运动员实地测试,但是经过改善才能投入市场,顾客群已经成功地扩大到一般喜爱户外活动且对功能性服饰有要求的大众,不再局限于少数的专业顾客。

在中国,The North Face 于 2013 年上线了"去野吧"官方社区(品牌官方平台),策略和小米社区相似,不过更重视与户外达人、户外领队和各种户外俱乐部合作,甚至发展了一个认证系统,为达人、领队和俱乐部进行认证。针对个人认证,有达人和领队认证,参与者必须绑定手机号码,而申请领队认证,申请人必须拥有中国登山协会户外指导员相关证书。针对组织机构的认证,有俱乐部认证。只有领队和俱乐部才可以在社区发布活动。2013 年到 2018 年期间共发展注册会员 100 万之多。

与当时其他户外品牌运营私域会员不一样的是,"去野吧"官方社区鼓励会员走出家门，参与各项户外活动，甚至鼓励会员组织活动。社区的互动性增强，不但有助于凝聚人气，而且会员之间也会分享各种户外用品的使用情况，得益的不只是 The North Face。

由于拥有平台，The North Face 可以借助平台分析行为数据和购物数据，对目标顾客有更深刻的理解，营销也能有的放矢。

"去野吧"官方社区以户外活动为主，定期发布各种户外活动，从而吸引目标顾客浏览和报名；区别于其他中立平台，户外活动可以关联相关产品，因此能够吸引一批真正对户外活动感兴趣的人群加入，为他们创造使用装备的机会。

"去野吧"官方社区的会员可以为自己定制一个用户空间。除了个人资料（包括社交媒体账号），还可以输入自己住的地区、喜爱的活动（包括登山、爬山、跑步、露营、滑雪等）、想跟踪的俱乐部和户外活动达人等，甚至可以选择公益服务。社区会根据设定，每个星期将相关的活动信息主动发送给会员。

通过精细的设定，会员可以选择接收自己感兴趣的活动，甚至可以通过设定，选择只接收自己地区附近的信息。这种设定对于会员而言，可避免接收无用的垃圾信息；对于 The North Face 而言，则等于掌握了用户的喜好和地理位置，在以后执行营销策略时，能将相关的宣传信息传递给用户，转化率比大范围的投放好很多。

这种运营方式有点像社交媒体平台的社交广告，广告商可以根据用户的兴趣、年龄、地区等将相关的广告发送给目标用户。The North Face 可以运用社区的数据，了解目标用户的喜好和参与活动的习惯，并利用其他方式做营销。

比如某个地区的徒步活动比其他活动的参与率高很多，就可以投入更多资源在这个地区，以便有效地运用手上的资源。

因为顾客群会老化，所以培育新一代顾客，让他们认识各种活动，养成户外活动的习惯，是品牌一个重要的策略，这一策略对于 The North Face 这类市场中的领导品牌（市场占有率高）尤其重要。The North Face 的目标明确，即助力青少年消费者真正"去户外，去野"，开展青少年消费者真正能接触的户外活动。

这些户外俱乐部一旦成功申请到社区平台主张的青少年活动赞助，就会通过自己的网络和"去野吧"官方社区发布活动，形成良性口碑循环。

表4–1所示为不同流量来源对建立私域流量池的价值和挑战，不同的流量有不同的价值，同时也会给运营方带来不同的挑战。

表4-1 不同流量来源对建立私域流量池的价值和挑战

流量来源	价值	带来的挑战
线下流量	为门店生意带来增量	需要和门店运营团队配合并磨合
平台流量	为平台生意带来增量	需要整体协调品类和价位
私域裂变流量	为私域流量带来增量	需要熟练的私域操盘手
IP流量	个人品牌价值的必备项	需要熟练的私域运营团队
商业品牌流量	现代DTC品牌的必备项	需要熟练的私域运营团队

图4-8所示为建立私域流量池后对私域流量的规划。先对这些品牌的用户进行分层和打标签，然后对应不同的产品结构，最后进行营销层面的活动及触达。经过运营以后，就能形成完整的私域路径，用户接触品牌即可享受对应的消费服务。

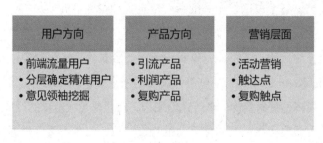

图4-8 私域流量规划

4.2 如何引流到私域流量池

4.2.1 引流工具的准备

基本工具的准备除了公司提供的个人微信和企业微信，还要布局一个微信公众号来做内容发布和会员维护服务，同时要用小程序商城来做销售转化。当然，不可或缺的是，底层还需要有一个靠谱的微信运营管理系统。引流工具准备的布局如图4-9所示。

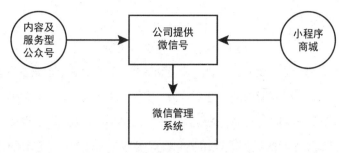

图 4-9 引流工具准备的布局

看到这个布局后,可能很多人会疑惑:究竟是主要运营企业微信还是个人微信呢?表 4-2 所示为详细拆解企业微信和个人微信的主要区别。(因平台版本的更迭,本内容可能与新版本企业微信及个人微信有部分出入,请以最新软件版本功能为准。)

表 4-2 企业微信和个人微信的主要区别

区别	企业微信	个人微信
客户上限	默认 5000 人,最高可申请到 2 万人	1 万人
群发消息	每天可群发一次	可多次群发,辅助工具:群发助手
朋友圈	一天只能发 3 次	一天可发多条,3000 人以上好友会限制展现
建群限制	内部群上限为 2000 人,外部群上限为 500 人	上限 500 人,群内 200 人以内时可扫码入群
关于封号	相对更安全,营销过度等行为会提示存在封号风险	营销过度等行为容易导致封号,有 3 次解封机会

企业微信作为官方推出的私域流量运营工具,营销安全性方面比个人微信更有保障,但缺少人格化沟通。

笔者给出的建议是,企业微信与个人微信同时布局,增加触点;企业微信主要解决营销规模化方面的安全问题,个人微信主要解决人格化沟通方面的信任问题。

4.2.2 引流内容的准备

引流内容的设计是为了让用户花一点时间完成一些行为,以主动进入私域流量池体系。设计引流内容时一定要谨记以下公式：

行为 = 动机 + 能力 + 提示

人的行为背后有三大要素：动机、能力和提示。动机，也就是做这件事的理由或目的；能力，也就是要有能力完成这个行为；提示，也就是在某个时刻促使人们采取行动的信号。要想使人们完成特定的行为，动机、能力、提示三大要素缺一不可！

从公域往私域引流的过程需要用户完成点击加入的行为，所以运营者需要为用户提供能够完成加入行为的动机和提示。

常见的实体内容素材包括单页、海报、线下易拉宝等。

常见的电子内容素材包括文字、图片、视频等。

常见的私域引流电子内容素材包括海报、朋友圈打卡素材、群内聊天素材等。

判断引流内容素材优劣的 4 个标准。

（1）**吸引力**：对用户有吸引力，阐明产品的价值和亮点。

（2）**匹配度**：与渠道匹配，不同的渠道用不同的素材。

（3）**有结果**：尽可能制作着陆页，如小程序、H5。

（4）**有底线**：不做过度承诺、不做虚假推广。

图 4-10 所示为一个比较好的引流海报。

图 4-10 海报示例

用户从以上引流素材进来之后，浏览的第一个页面一般称为着陆页。着陆页通常是用户对产品第一感知的落脚点，着陆页的内容与引流素材的匹配度会影响用户下一步的操作。

判断引流内容效果有一个黄金标准：就是看该落地页的转化率。很多做增长的运营经理的工作内容是分析落地页各环节的转化效果，然后有针对性地进行优化。

4.2.3 引流渠道的准备

一套完整的获客方案要明确用户是谁、用户在哪里、用什么方式把用户拉过来。"用户是谁"即用户画像，用来分析用户；"用户在哪里"即分析用户的来源渠道；"用什么方式"即分析用户的痛点及渠道的属性。

1. 用户是谁

明确用户是谁是产品获客方案的第一步，知道用户是谁才有未来的增长。

先定性地了解用户，通常通过用户画像来了解目标用户。

梳理用户画像时，会有以下两种场景。

（1）业务启动期的场景

需要获客的产品还处在启动期，没有很多用户，这种情况下关于用户的信息非常少，该如何了解目标用户呢？

在这个场景下，常用的方法就是"用户访谈"和"问卷调研"。

这两种方式主要基于没有明确的目标用户，可以针对一些假设性的目标用户，以"一对一"或者"一对多"的问答形式进行调研。然后通过目标用户的回答，得到运营方想要的一些信息，进而描绘精准的用户画像。

类似的场景如成熟期的公司寻找新业务的第二增长曲线，需要扩展新的用户群体，也可以使用上述方法。

（2）业务成长期的场景

对于处在成长期的产品或公司，产品基本已经定调，主要业务逻辑和针对的客户群体几乎不会有很大的改变。这个时候就可以直接用业务经营中产生的用户数据来完成用户画像的绘制。比如在天猫的后台查看用户画像或利用现有的一些数据收集工具调查用户画像。

梳理好用户画像以后，定量地预估目标用户的体量。预估用户体量有以下两个目的。

（1）评估一件事的可行性

① 如果用户体量太小，那么引流也没有什么价值。

② 如果用户体量太大，就需要分析自己的需求是不是太过宽泛，导致不聚焦。

（2）制定获客目标，评估获客成本

① 整个市场有多少量，已经被瓜分了多少，市场是处于增量还是存量。

② 如果目标是增量用户，那么获客指标可以大一些，成本也相对低一些。

③ 如果目标是存量用户，那么获客指标可以保守些，成本也相对高一些。

2. 用户在哪里

知道了用户是谁，接下来就要分析用户在哪里。理论上来说，哪个渠道好，商家就应该到哪个渠道去获取用户。

近年来，从搜索引擎到微博、小红书，再到短视频、直播，拉新渠道越来越多，但拉新变得越来越难。很多运营新兵在拉新的过程中经常会犯的一个错误就是不结合自己产品的实际情况，盲目地做全渠道投放。还有一些人着急用拉新的"术"，却没考虑渠道的性价比，最终导致 ROI（投资回报率）相对较低。

那么如何避免犯这个错误呢？方法如下。

（1）列举渠道资源

围绕搭建私域的目标，把有可能对拉新有帮助的渠道先穷举出来。这里可以把常见的渠道列举出来，然后一项一项地筛选。

常见的拉新渠道如下。

① 常见的用户获取渠道（公域流量）。

◎ 电商系平台：淘宝、天猫、京东等。

◎ 头条系平台：抖音、西瓜视频、今日头条等。

◎ 百度系平台：自然搜索（SEO）、付费搜索（SEM）、贴吧、百度百家等。

◎ 其他平台：知乎、豆瓣、小红书等。

② 特殊用户获取渠道，如线上精准流量（垂直领域流量）。

◎ 专业社区：汽车之家等。

◎ 地域类平台：本地社群社区、地方自媒体等。

◎ 垂直用户社区：母婴大号等。

③ 地推渠道（线下流量）。

◎ 学校地推：四六级考试、考研、出国、找工作等。

◎ 商场推广：游泳健身、吃喝玩乐等。

◎ 车站机场地推：与车相关的及其他。

◎ 写字楼地推：白领应用、饿了么红包、新店开业等。

（2）筛选优质渠道

将上述可以带来新用户的渠道都列举出来之后，是所有的渠道都要进行投放吗？当然不是。

举个例子，假如某一款产品之前的主要拉新渠道是搜索引擎优化来的，那么面对现在比较火热的短视频平台，是否要将短视频平台纳入考虑范围呢？

对于这款产品来说，短视频平台确实流量大、潜力大，但是也有风险。在考虑成本预算和时间精力的情况下，更好的方法应该是投放一个实验模型MVP（最小可实现产品）进行测试，小步快跑，快速验证效果，而不是看到流量大就立刻全面投入。

由此可见，找到一系列可行的渠道之后，接下来要做的是进行MVP测试，聚焦优质渠道。

以课程产品为例，比较有价值的渠道有大众媒体、内容营销、垂直论坛等，可以通过实验验证渠道的适用性，验证的方法是同时开展多种低成本且快速的测试，有点类似A/B测试（对比测试）。

测试中需要考虑3点：获客数量、获客成本、用户质量。

测试结果可以通过表格的形式进行可视化的综合评估，参考格式如表4-3所示。

表4-3 测试结果

渠道	点击量	点击率	转化率	用户数	获客成本	用户质量
知乎	30000	10%	18%	540		普通
论坛	50000	20%	5%	500		较好
微博广告	120000	20%	10%	2400		普通
朋友圈广告	30000	30%	20%	1800		较好

根据实验结果，最终优先选择 ROI 最优（即数量最多、成本较低、总性价比最高）的渠道。

很多人会有疑问：只选择一个渠道吗？并不是。实验中确实找到了一个相对优质的渠道，但是就此放弃其他的拉新渠道，其实并不合适。

比较好的做法是，专注其中一个渠道，其他渠道做辅助，可以定期做一些对比测试来不断优化各个渠道。

不过，这里有一个重点：在渠道的红利期结束后，及时做出调整。要谨记两大定律，不能吊死在一棵树上。

① 时间定律：同一个渠道，越早进入，用户获取成本越低。

② 精准定律：不同渠道，用户越精准，用户获取成本越低，优先选择精准渠道。

3. 用什么方式

知道用户是谁，并且找到了最优的获客渠道，接下来需要解决触达用户方式的问题。

常见触达用户的方式有公域、私域，不同方式对应不同的素材。项目方需要根据用户画像，以及筛选出的渠道来确定触达用户的方式和素材。也就是说，用适合的素材内容通过适合的方式与用户产生联系，让用户产生行为，主动进入私域流量池的体系中。

每个方案都需要设计适合自己产品的引流方式，产品不同，引流的方式也不同。具体方法请参考第 10 章案例拆解相关内容。

第 5 章
策划好一个私域社群活动

本章主要知识点

◇ 常见的私域社群活动类型：裂变活动、促活活动、品宣活动、到店活动。

◇ 私域社群活动策划的准备工作：用户定位和用户画像分析、活动资源安排和统筹、确定活动目标和操作方案、活动标准作业流程、活动的项目管理计划等。

掌握私域社群的定位、引流的方式之后，我们就可以策划一个私域社群活动了。

本章将列举常见的私域社群活动类型，讲解如何选择适合的活动及活动的策划方法等。

5.1 私域社群活动的类型

不同的私域社群有不同的目标和需求，也有不同类型的宣传活动。因此，在策划一个私域社群活动之前，一定要将社群活动进行分类，这样才能根据目标策划适合的活动。

依据活动目标来划分，可以将活动分为裂变活动、促活活动、品宣活动、到店活动等类型。

5.1.1 裂变活动

什么是裂变活动？裂变活动是指能让用户产生裂变的活动。

策划裂变活动的核心是用户的转介绍和推荐，通过设计好的方式，让用户进行推荐，产生裂变，从而降低获客成本。裂变的流程如图5-1所示。

图 5-1 裂变的流程

下面以减脂塑形体验营的裂变为例，分享裂变的方法。

1. 裂变话术

同学你好，欢迎加入【3天减脂塑形体验营】。（欢迎语）

3天独家私教课，专业教练在线实操指导。

给你轻松瘦身的减脂窍门。

悄悄告诉你：邀人扫你的海报购课，有红包奖励哦，微信零钱直接到账！上不封顶！

原价99元，限时优惠9.9元，邀请1人立得8.8元！

点击下方链接，生成自己的海报发到朋友圈哦~

【邀请方式】识别图中二维码——生成自己的专属海报，保存并转发给好友或转发到朋友圈。

跟随老师的脚步学习，科学瘦身！按时打卡还能获得小礼品哦~

2. 朋友圈参考文案

（1）减肥总是反反复复，但是看别人减肥十分轻松。除了节食，不知道怎么减肥，怎么办？

（2）韩教练是国际认证教练、国家运动营养师，指导过上千人成功减肥塑形，把痛苦的减肥总结为日常饮食＋少量家庭运动，超级简单的执行方式，照着做就能瘦，你想知道怎么轻松变瘦吗？赶紧扫码加入吧！

（3）减肥产品太多，不敢试？其实你是没有遇到好的减肥方法，你也可以不吃任何产品，只靠自己的日常饮食就能瘦！

（4）韩教练是减脂塑形的专业教练，曾经指导学员20天腰围小了2厘米，衣服码数都小了！

3. 朋友圈评论参考

（1）花半杯奶茶的钱，换回将来M码衣服的身材，超值！

（2）自己上网查资料、跟视频训练2年，依然不瘦？韩教练给你超级简单的减肥方法，照着做就能瘦！3天课程仅需9.9元，上千人成功减肥认证课程！

（3）半杯奶茶钱就能让你高效瘦身，还不赶快加入！

4. 社群推广参考文案

大家好！发现了一个超值的课程，迫不及待来群里分享：本次课程由国际认证教练、国家运动营养师韩教练主讲。

开售3天，就有800+伙伴加入，报名人数还在不断增加！

如果你想轻松通过日常饮食减肥，那么你一定要来听"老韩轻松减脂的窍门"

公开课!

老韩的私教学员1980元/位,一小时咨询费588元,现在只要9.9元就能和他直接沟通。除了3节课程和实操机会,你还能拿到价值499元的大礼包、21天减脂晚餐食谱、居家健身指南,以及其他神秘大礼。

半杯奶茶钱,3节课,你也能掌握轻松减脂的窍门。日常饮食就能瘦,从此不再为减肥而烦恼!

参加课程分销,每单还可获得90%的奖励金,微信零钱及时到账哦~

5.私聊推广

(1)××你好呀!实在忍不住告诉你,国家运动营养师韩教练第一期公开课上线啦!

如果你想通过日常饮食就能瘦,那么你一定要来听,××月××日我在群里等你。

(2)9.9元你将获得:3节课程和实操机会+导师实战指导+导师直播公开课答疑+499元大礼包+神秘好礼和抽奖机会。本次公开课非常火爆,已经得到众多大咖的推荐。报名通道将会在××日关闭,报名人数已满时有可能提前关闭,建议速来占位。

裂变活动的设计重点应该放在分享和激励部分,如拼多多的裂变活动以砍价、拼团、返现为主,那么用户只要能从活动中获得使他们产生分享动作的激励,就会持续地进行裂变。

5.1.2 促活活动

什么是促活活动?促活活动一般在转化成交之前开展,目的是促进社群用户在集中时间活跃起来,更多地关注社群的成交活动。

促进用户活跃的方法有抽奖、话题讨论、红包、群公告、礼物推荐等。

如何策划一场促活活动?举例如下。

促活跃话术(按以下顺序进行社群信息发布)如下。

群公告:惊喜购开始啦!

红包封面语:你们准备好了吗

红包封面语：我们

红包封面语：要

红包封面语：开始

红包封面语：啦

发布群消息：首先感谢大家的支持，这次我们举行会员福利活动，此群会在活动结束后解散，期待我们本次活动的请回复1！

这次活动之前，我先说几句。很多新朋友和老朋友相聚，很高兴。老朋友都知道，又要给大家送福利了！感谢大家对我们这次活动的关注，福利一定给到！

（介绍自己是谁，要做什么。）

介绍完了，先来个红包手气最佳热热身。下面我发一个红包，手气最佳者来领一套盲盒绘本！想要的回复一个你最喜欢的表情吧！

好了好了，红包来啦！快来看看谁领到了！

发红包：红包（手气最佳有礼。）

发布群消息：恭喜！@×× 获得礼品！希望好运会传递呀！

找 ××× 凭手气最佳截图领取礼物哦！

这个活动结束了，是不是大家还没玩够？

再邀请10位宝妈进群，我们立即开始下一轮福利活动！

哈哈，下面我们进入秒杀专场，这次的秒杀活动是为了发布我们的会员体系，所以会给会员最优惠的福利，全场限时今晚最低价，明天就会恢复原价哦！

5.1.3 品宣活动

什么是品宣活动？品宣活动指的是按照品牌宣传逻辑进行的活动，主要目的是基于广告效应让用户更多地认识产品，比如新品上市，这类活动一般不以成交作为考核标准，但会以展示量及点击率来分析活动效果。

品牌方常用的品宣活动类型包括"种草"测评类、生活分享类、干货类、娱乐类、话题互动类、平价好物分享类等。不同类型的话术参考如下。

（1）"种草"评测类的话术参考

今天应大家的要求，给大家测试几款防晒霜的防晒程度。防晒霜分为物理防晒和化学防晒两种，今天测试的就是化学防晒中的几款啦！你们猜猜看测试结果如

何？点赞数达到 30 个，下一条揭晓~

（2）生活分享类的话术参考

① 最近 B 站的国漫越来越火了，你们看过哪些国漫？能推荐给我吗？我最近看了一部国漫《百妖谱》，竟然是李玉刚唱的片头曲，太厉害了！每次看都会泪奔，很值得看！

② 有个小姐姐说她的汉服特别美，今天一看果然如此，而且还有洛丽塔风格的，真是可盐可甜~偷偷截个图，你们说这款妆容＋搭配是不是很喜欢？

（3）干货类的话术参考

① 更多美妆小技巧来啦！有的朋友说一上午妆容就花了，该怎么办。今天我来给大家详细讲解一下，究竟怎样定妆才不容易花。明星们是怎么做到的？（加配图）

② 昨天应小姐妹们的要求，分享了护肤的正确步骤，特别是针对敏感肌的。今天给大家分享究竟敏感肌该怎样护肤。（加配图）

（4）娱乐类的话术参考

在抖音发现竟然有这么有趣的音乐，实在是开了我的脑洞~就这个画面，看过一遍直接洗脑，满脑子回响着这个节奏啊~

（5）话题互动类的话术参考

精致女孩需要的护肤小技巧来啦！今天给大家分享一个护肤小技巧，大家平时有用防晒霜或者防晒喷雾的来发个表情包~让我看看有多少用的呢？

哇，很多都用呀~大家知道吗，其实护肤非常重要的一点、就是防晒噢！紫外线会对我们的皮肤造成非常大的伤害，会让我们的皮肤提前衰老，建议每天都要用防晒用品，包括阴天和冬天噢！

（6）平价好物分享类的话术参考

嘿！"集美"们，今天的好物分享环节来啦！让我看到你们可爱的表情包，有几个人在线等我呢？

今天要分享的是几款好用的爆款好物，不仅价格亲民，而且颜值爆表！下面来看看吧！

这款产品实在是每次必备的一款，好多"集美"用完后都是满满的好评，还要推荐给身边的人一起购买，你是否也是这样觉得的呢？

5.1.4 到店活动

什么是到店活动？到店活动是以福利、优惠等形式吸引线上用户，然后引导用户分享并购买，然后到店内进行消费的活动。到店活动的目的一般以增加客流量为主，也就是用户将活动分享给其他用户，以及用户自己消费。

下面以某省头部品牌连锁餐厅策划的到店活动为例。通过公众号和个人号的引流方式，建立了两个用户会员群。在运营过程中，发现这些会员并不活跃，于是做了一个会员群的架构，利用拼团、秒杀优惠券、品鉴会等形式进行社群维护。

图 5-2 和图 5-3 所示为到店活动的两个案例流程。

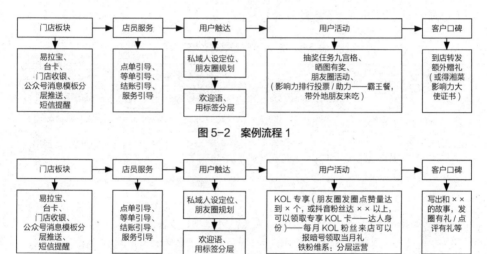

图 5-2　案例流程 1

图 5-3　案例流程 2

拼团是为了让用户裂变，实现老带新；秒杀优惠券是为了让用户到店消费；会员线下品鉴会做成了会员的权益和社交场景，实现了餐厅收益的稳定增长。作为实体店的社群，目的只有一个，就是让用户从线下到线上，再通过线上回到线下。

5.2　私域社群活动策划的准备工作

策划活动时需要做的工作包括用户定位和用户画像分析、活动资源安排和统筹、确定活动目标和操作方案、活动标准作业流程、活动的项目管理计划等。

5.2.1 用户定位和用户画像分析

用户定位和用户画像分析是在做社群活动之前必须完成的内容。做活动前要对用户进行详细的调研,以确定用户的具体情况。

用户画像分析包括的内容如下。

性别、年龄、兴趣、地区、繁忙的时间和空闲的时间、购买习惯、家庭情况、收入、学历、购买频次、痛点、聊天习惯、最近一次购买的时间、购买金额等。

表 5-1 所示为策划某次活动前对 3 个门店相关情况进行调查的结果。从表中可以看出,用户画像主要集中为学生和年龄偏大的女性,用户平时注重保养护肤。明确用户画像对后期策划社群活动非常有帮助。

表 5-1 3 个门店相关情况调查结果

调查项目	店铺名称		
	齐大街商贸	店豪润多一楼	相国街 48 号
店铺附近人口数量	20000 人左右	30000 人左右	5000 人左右
店铺面积	20 平方米	20 平方米	70 平方米
店里顾客组成	大学生、宝妈、年纪大的女性等	宝妈、年纪较大的女性、高消费人群	宝妈、年纪较大的女性
附近的竞争对手	护肤、彩妆专柜	美肤宝、老中医、中草集、植物医生、汇美舍等专柜	无
做过的活动	打折、满赠、充值	满减、线下沙龙	降价促销
每天到店用户数量	20 人	5~10 人	5~20 人
目前微信用户数量(公众号、客服号、微信群)	296 人	500 多人	200 多人
店员数量	2 人	2 人	3 人
店铺内销售的品牌	CLIO、名门闺秀、欧莱雅、爱得菲	欧莱雅	佰草集、自然堂、纽西之谜、淮树
客单价	240~300 元	200~400 元	300 元
复购率	22%	35%	15%
用户购买最多的品类或者产品	用户主要在护肤品店做护理(欧莱雅套盒、名门闺秀护肤)	欧莱雅	自然堂
店内是否有充值活动	有	无	无

5.2.2 活动资源安排和统筹

策划活动的过程中,首先需要安排活动资源并进行统筹。如果要执行一个活动,那么私域操盘手需要对整个活动资源进行明确的分工和任务安排,并且优先盘点现有的资源情况。

例如,有些人员主要负责精准动作,有些人员需要在执行中予以配合。这些都需要考虑清楚并安排妥当。

表5-2所示为策划社群活动前要安排的资源自检清单。

表5-2 资源自检清单

社群活动资源	说明
协作部门人员资源	协同搭建部门的合作
公众号、小红书等媒体资源	公司自有的媒体矩阵及粉丝数
私域粉丝资源	主要是微信生态直接触达/操控的客户,如微信好友——自己是群主或管理员的微信群用户人数,商家SaaS系统或会员系统统计人数等
公域粉丝资源	线上的项目,比如淘宝店/京东/微商城,每天的浏览量/点击率/转化率/成交量;线下门店,每天的平均人流、平时/周末/法定节假日的客流量
获客渠道	线上、线下等渠道
合作流量渠道	外围合作的流量来源
社群营销产品	库存、尾货、产品等
私域营销工具	个人微信、企业微信及支撑工具和系统选择

5.2.3 确定活动目标和操作方案

活动目标决定了私域社群的解决方案的匹配资源。

举例来说,瑞幸咖啡所做的私域社群,一开始定的目标是提升GMV(商品交易总额),提升用户消费的频率。为了实现这个目标,负责人制定了匹配这个目标的方案。最终,瑞幸咖啡采取了公域流量+门店客流的形式进行私域流量的导入,并采取了福利官这样一个微信客服形象来进行社群的管理、运营及福利的发布等,其中很多店内福利优惠券匹配发布在社群里。这就是它采用的资源匹配策略。

私域活动目标清单及操作方案如表 5-3 所示。

表 5-3 私域活动目标清单及操作方案

私域活动目标清单	操作方案
赋能门店	门店群
打造导购	导购 IP
分销团长赋能	招募团长
延长用户生命周期	UGC（用户原创内容）运营
提高全域流量粉丝数量	裂变增长、推荐
GMV 增长	裂变 + 成交转化
提升客单价	单独沟通
提高复购频次	多次福利活动提醒
筛选优秀意见领袖	投放、体验
招商加盟	社群招商
品宣曝光	引导分享、品牌活动

5.2.4 活动标准作业流程

活动流程的撰写一定要先学会写社群 SOP（标准作业程序）。

社群是需要标准化生产的，标准化以后就可以精准计算了，不仅效率高、可预测、可控性强，公司也可以节约培训和尝试成本，降低新人流动风险。目前 SOP 在知识付费领域是标准化和可流程化操作的，甚至能做到，如果一个部门的人全部流失了，这套方案立刻能让新上任的人执行起来。

制作 SOP 的流程

策划社群 SOP 方案时需要规划哪些内容呢？

先分析用户人群，一定要有清晰的用户画像，包括用户的年龄、性别、喜好、地区，甚至更多精细的内容，确定了用户画像以后，就要确定活动的主题和目标；再分析并确定业务的流程，设计达成目标的路径；然后进行活动流程的探讨和检查；最后在执行前开好统筹会，审核落地方案和执行过程。

前面已经介绍如何分析好运营的目标人群,以及确定运营的主题和目标,下面将分析业务流程。

(1)开营仪式的流程和话术。

(2)闭营仪式的流程和话术。

(3)方案流程和话术。

(4)运营结果展示。

图5-4所示为服务一个母婴绘本社群项目时的SOP内容呈现。从开始筹备、社群福利、成交转化等阶段进行不同的运营标准动作,能清晰且快速地将社群运营简单化、流程化。

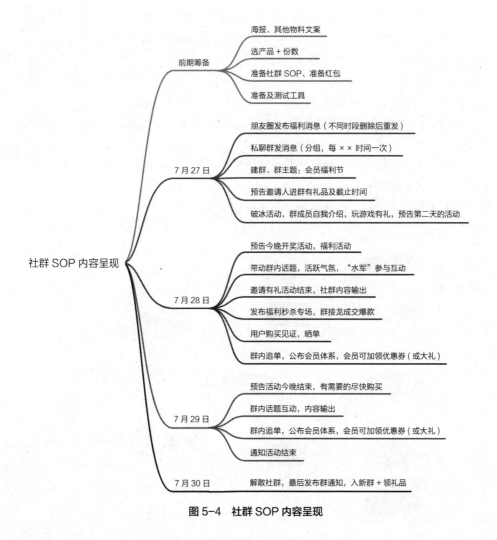

图5-4 社群SOP内容呈现

制作SOP的过程更像是一个剧本撰写的过程，同时还要负责统筹。

先确定项目及活动目标，调查项目的背景和目标人群，选择合适的社群场景，搭建一个初步的架构。

当做完调查以后，就需要正式开始完善SOP流程及活动的项目进度表，这部分需要与甲方进行沟通，符合对方的要求。接下来，按照项目进度表进行分工和监督执行，其中还要多次进行讨论和改进项目操作方式，最后形成标准的SOP方案和话术表。

如果社群数量太多，就需要分组，分组以后安排不同的小组组长带队，统筹本组的任务和进度，以这样的方式来完成大型项目的执行。注意，当项目达到一定的规模时，还需要增加一个风控方案的环节。这其实类似于危机处理，比如临时遇到封号、人员扫码进不来、人太多、广告多、出现负面消息等情况，都需要有临时处理的方案来应对。

5.2.5 活动的项目管理计划

方案做完且审核完毕以后，还需要在项目执行前开一个会，对策划方案的全流程进行关键人员的评审。

图5-5所示为执行一次社群活动的流程示意图。

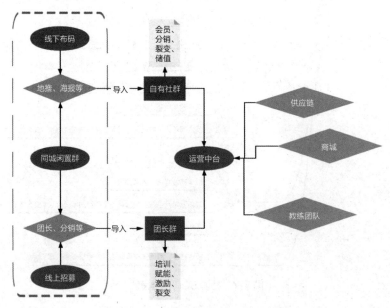

图5-5 执行一次社群活动的流程示意图

表 5-4 所示为实体店拓客的到店活动项目管理计划表。

表 5-4　实体店拓客的到店活动项目管理计划表

项目流程		负责人	完成时间	进度情况
准备阶段	项目背景调查			已完成
	门店情况调查			已完成
	用户情况调查			已完成
	活动目标确定			已完成
	资源匹配情况调研			已完成
	明确活动方案			未完成
	选择活动产品			未完成
	SOP 方案撰写			未完成
	人设打造			已完成
	朋友圈内容撰写			未完成
	海报设计			未完成
	宣传文案撰写			未完成
执行阶段	客户服务手册			未完成
	店员培训			未完成
	物料发布			未完成
	工具准备			未完成
	微信准备			未完成
	建群准备			未完成
	活动安排			未完成
	风险防范			未完成
	线上活动执行			未完成
	活动数据分析			未完成
	及时调整复盘			未完成
	回复用户问题			未完成
结束阶段	线下门店承接			未完成
	转化升单裂变			未完成
	活动数据复盘			未完成

5.2.6 私域社群活动案例

案例 1　产康门店拓客——到店活动

案例数据：两个群，除去"水军"，基础用户 100 人左右，裂变后用户 320 人，转化 63 单，转化率约为 20%。活动中已经有用户到店消费并办卡充值。

一、活动背景

店家的需求：通过线上社群的新方式进行产康门店的拓客，希望目标客户为精准的低年龄段孩子的妈妈或者孕妈，拉动产康的销售额。虽然之前的小儿游泳方案拓客很多，但是以小儿游泳办卡为主，而产康几乎是靠老用户推荐。

店内情况分析：写字楼里的母婴产康门店，门店有产康、小儿推拿、小儿游泳 3 个主项目。同时，店家主要的客户来源是线上团购网站，并且每个月都有稳定的用户到店体验小儿游泳。店铺因为接待能力有限（产康床位较少，门店游泳业务比较忙），故需要一些比较稳定的社群引流方法来拓客。两个月前，店家自己做了一次社群活动，效果不尽如人意。这次策划邀请进群的活动，要考虑用户的体验感和心情。

活动需求：只做到店的营销方案，后期转化成单由店家自己进行。

筹备期：因 9 日开始准备社群活动，而 18~20 日正好是店庆活动，所以这次的社群活动准备时间比较紧张。

二、活动策划

因为担心活动期间碰上其他商家举办的活动，所以临时调整方案：活动时间提前了一天，裂变建群选在周日。

活动时间：5 月 17 日—22 日。

活动流程如下。

（1）打造店员 IP（将塑造店员 IP 相关内容发朋友圈，提升活动号人设价值，提示领取母婴资料包，为活动预热）。

（2）筛选用户，拉用户进群进行裂变。

（3）邀请好友有奖励，加群主有奖励，约定满百人发红包。

（4）裂变抽奖活动促活。

（5）成交转化。

（6）追单私聊。

1. 目标用户分析

（1）启动种子用户：0~2岁孩子的妈妈，种子用户（单向沟通）为40个左右，普通适龄用户100~200人。选择新用户、老用户（最近活跃的）和有意向但未成交的用户，这样可以促进用户产生福利感。

（2）启动方法：定标签，单独私聊告知优惠及邀请其他人可返利，希望可以参加活动并邀请其他好友参加。

（3）用户画像：25~35岁，追求品质且对健康有较高要求的宝妈，同时有一定的消费能力。

2. 活动中店员 SOP 文档的准备

为店员做私聊和发圈的 SOP 文档。

（1）私聊注意事项。

◎ 给用户打好标签，精准分组，然后针对未成交用户和成交用户分别发送活动信息（99元活动商品）。

◎ 设置好分组以后，可以把群二维码发圈，分组可见即可。（精准用户扫码就可以加入；在5月17~20日发布。）

◎ 私聊时尽量多提过往有交集的内容，如以前在店里的情况或者近况如何，然后切入活动。

◎ 私聊提醒用户参加活动。

（2）发圈注意事项。

◎ 选择合适的时间点，发圈内容要尽量跟自己的风格吻合。

◎ 活动预热与发圈内容需要做一下铺垫。

◎ 适当多发用户见证相关内容。

◎ 文案和宣传要配套，但是针对自己的风格来发挥，效果会更好。

（3）追单注意事项。

追单中可以使用"限额""最后福利""仅此一次""很多用户都买了""截

止时间为××"等话术。可以先聊生活,再谈活动要结束了。

（4）拉群注意事项。

◎ 先拉39个不是很积极的用户,然后拉一些意向用户,拉之前要跟用户沟通好拉群的目的。

◎ 自己的"水军"拉小号进群更合适。

（5）"水军"话题。

相关话题如怎么领取奖品、中奖了、店内现在的情况、现在游乐场开门了吗、宝宝感冒了没有、健康的重要性,以及大人、孩子的体重情况、减肥,等等。

此外,"水军"还可以引导谈论礼品价值、真实性、到店领取相关疑问、邀请见证等。

3. 活动执行方案

（1）裂变邀请的话术。

所有进群用户可以加我领取528本儿童绘本电子版。

邀请3人进群,赠送宝宝折叠脸盆1个。

邀请5人进群,赠送大号电子驱蚊器一个。

邀请10人进群,赠送早教机器人一个。

（礼物不叠加、不重复领取,被邀请人仅限当地宝妈、孕妈,有效邀请人数统计截止时间为19日中午12点,被邀请人需当时在群内不退群。）

【群内18日、19日晚上、下午还有抽奖福利,记得关注并置顶本群噢！】

> **小提示**
>
> 做群邀请话术时,一定要目的明确,表达精准,文案功底一定要到位,同时,排版上注意分段、空行,还有划重点的表情包,做人性化一点,尽量简单,突出文字重点。

（2）99元卡项设计如图5-6所示。

（3）具体执行方案（除了隐藏客户信息,其余的都为真实操盘方案）。

① **前期筹备**

◎ 找到意向用户和活跃用户,打好标签。

◎ 预热活动，发圈分享内容。

◎ 方案筹备，提前沟通流程。

◎ 点对点私聊用户。

② **建群环节执行动作**

◎ 5月17日下午3点，群发提醒用户活动要开始了，1小时后拉用户进群。

◎ 5月17日下午4点，开始建群，群名为××用户答谢群，先邀请不是特别熟悉的用户，再邀请熟悉用户进群。先拉几个"水军"进来，领取奖品并截图发群，然后"水军"拉人。

◎ 提醒群成员满50人、100人都可以抽奖，还有红包。设计几个手气最佳的小奖品（如影视会员卡），预告明天的活动。进群就可以加群主，领取528本儿童绘本电子版。

图5-6　99元卡项设计

◎ 发布红包墙。利用群待办功能提醒用户领取（获取有效用户数据）。

◎ 5月17日下午5点，开始进行第二波福利活动，群通知邀请裂变有礼。群内有人发送邀请人数查询信息，达到条件以后，在群里@用户，提醒私聊。用户加入私聊时，告知用户中奖了，并且现在不要让好友退群，会按照截止日期有效统计数据来发放对应的礼品。

③ **裂变环节执行动作**

◎ 5月18日上午9点，发布集赞有礼活动（截止时间为5月20日晚上7点）。先发红包，在的人回复：我要礼物。@所有人并发布第一次的活动方案，然后及时解答用户疑问，强调结束时间（第一波：集赞有礼活动）。

◎ 5月18日中午12点，根据情况查看是否可以发红包墙，群内通知大家差多少人可以发红包墙。

◎ 5月18日下午4点，发布领取奖品截图，回答"水军"问题，预热晚上有个惊喜活动。

◎ 5月18日晚上9点，先发红包了解在线人数，在的人回复1。活动预备开始，"水军"在线。社群活动是问答形式，第一个答对的有奖励（根据客服截图），回答完进行兑奖。兑奖以后需要恭喜用户，同时预告没中奖的人不要走开，明天还有更大的抽奖活动和其他活动。

> **小提示**
>
> 中奖以后的用户特别活跃，本案例中后期70个用户进群全靠这些人拉进来的，所以尽可能让中奖用户活跃起来。

④ 促活环节执行动作

◎ 5月19日上午8点，群通知用户，邀请裂变活动中午截止，赶紧邀请其他用户，发布还没达到邀请有礼人数的统计数据。提醒用户赶紧完成任务（邀请裂变、点赞）。

◎ 5月19日中午12点，询问吃饭了吗，发一个小红包，公布邀请有礼活动截止，统计奖励情况并发奖。为下午的秒杀活动做预热。"水军"兑奖，发感谢语。

⑤ 转化环节执行动作

◎ 5月19日下午4点，发布消息问用户在不在，是不是很期待；发红包，让在群内的人回复1。问大家知不知道某个东西的价格，进行猜价格的活动，然后对标秒杀活动，带动气氛，加赠，发布秒杀商品（99元店庆卡）。根据数据私聊浏览用户。活跃群内气氛，发购买截图，发问题，回复问题，最后发布"只有200份，卖完即止"。通知用户可以邀请好友来参加。下单接龙群待办，用户发已购买见证截图。

◎ 5月19日晚上8点，发布群待办提醒。"水军"出现，活跃气氛，带动话题。

⑥ 持续追单执行动作

> **小提示**
>
> 这里出现的持续成单，是由于用户自主发群，自主提问，没有使用引导截图和"水军"。

◎ 5月19日晚上10点，公布购买结果；"水军"活跃气氛；与用户私聊并提醒用户参与活动，跟单发圈，剩余名额不多了，一对一转化；在群内公布剩余名额。

参考话术：××，这次活动真的很超值，购买后还能参加抽奖活动，下次不知道什么时候再有了,购买后记得在群里接龙一下哈。

⑦ 二次追单执行动作

◎ 5月20日上午8点,发红包,请在的人回复1;如预期效果表示惊喜,回顾昨天的活动并展示相关的数据,将昨天买商品的人拉进VIP新群答谢,抽奖100%中奖。营造好群内气氛,私聊追单,迅速跟单,提醒用户进入VIP答谢群抽奖。汇报目前购买商品的剩余名额,跟进订单,"水军"将见证截图发群。

◎ 5月20日中午12点,根据用户浏览数据追单,根据手机号标记用户通知电话。群通知预告集赞有礼活动今晚7点截止,下午持续"炸群",通知购买进度和活动名额,以及成交订单量。

◎ 5月20日下午4点,告知集赞有礼活动即将截止。公布本群将在明早解散,想继续参加抽大奖活动的用户,明天进新群。公布最后还剩多少个购买商品的名额,发布领取见证截图并表现出购买活动产品很划算。新群满 × 人可以抽终极大奖,突出100%中奖。

◎ 5月20日晚上7点,公布集赞有礼活动截止,宣布参与活动名单,预告拼团人数。

◎ 5月20日晚上9点,发布群通知,逼单,发布用户见证,"水军"发见证截图及好评和进度。

◎ 5月21日上午,发布最后的群通知,再次公布活动和进新群100%中奖,最终解散群。解散前可以多发消息,改群名。

三、活动结果

总数据:320人参与,63人购买,转化率约20%。

(1)红包墙用户数据:146人浏览,54人领取。

(2)点赞用户数据:861人浏览,173人参与,14人中奖。

(3)99元店庆卡购买数据:724人次浏览,63人购买。

最终成单使用了活动商品和分销模式,用户分享还有18元的红包实时到账(这个没有大范围宣传,私下跟已购买的用户沟通)。

四、活动复盘

进行项目方案实操以后,需要对整体的项目进行复盘,活动复盘包括数据复盘、操作复盘、工具复盘、人员复盘等。这次活动结束后对裂变的关键点进行了复盘。

(1)进群小抽奖活跃气氛。中奖之后的用户一般比较活跃,喜欢参与整个活动。起初的种子用户活跃度非常重要。赠送的奖品以线上为主,要体现出价值感。

(2)红包墙获取用户信息。获取信息以后,实时跟进用户,追踪用户后期下单情况和活跃情况,对追单非常重要。

(3)中奖用户激活裂变。中奖用户可以多与群内其他用户聊天,聊天时尽量@对方,激活用户话题,"水军"稍做引导。其他用户只要看到有人获得了奖励,会更快速地进行裂变邀请。

(4)与种子用户沟通,前期做标签。筛选种子活跃用户很重要,需要做铺垫和情感维护。

(5)营造转化成交气氛。成交就靠成单的那一刻,前期可以依靠店员做好预热,让用户产生期待并准时守在手机前。

(6)做好提醒和关注。后期的提醒和关注可以追单,群待办、群通知、红包等都是很好的社群提醒方式。

第 6 章
执行好一次私域社群活动

本章主要知识点

◇ 社群活动执行需要做的准备：物料组织和人员组织。

◇ 如何做好一个操盘手：了解操盘手需要具备的基本素质及能力。

很多做私域运营的人都有看着简单，上手就灯下黑的感觉。很多时候需要社群里有明确的成交环境，并且成交过程中有明确的动作，才能有好的结果。

执行一次私域社群活动不但要做好充足的物料准备，还要提前安排好相关人员并规划好流程。如果是大型的活动，还涉及团队的分工与配合。

6.1　社群活动执行的物料组织

执行活动前所做的准备非常重要，通常需要将这些准备工作进行分类并且按照表格的形式进行相应的安排。

6.1.1　活动执行的物料准备

执行社群活动前，需要按不同的清单准备前期物料。表 6-1 所示为一份知识付费行业低客单价转高客单价的需求物料清单。

表 6-1　需求物料清单

需求物料	备注	物料准备情况
裂变 3 节课的话术（欢迎加入，分享发圈获得 9.9 元佣金，更有××好礼相送）	讨论：是提前建群，还是等公开课开课前建群	已完成
发朋友圈物料（渠道需求）	10 条，文＋图	已完成
用户咨询回答表（公用）	Q&A 解答	已完成
发社群宣传的话术文案（渠道需求）	文案的制作	已完成
发公众号的推广软文（渠道需求）	软文撰写	已完成
私聊群发给用户的文案（渠道需求）	文案撰写	待完成
引流来的用户回复话术	如何回复用户	已完成
3 节课内容录制	录制课程	已完成
公开课引流内容	内容撰写	已完成
引流私聊群发公开课内容话术（发群、私聊、发圈预告）	区分已有会员、渠道会员	已完成
建群后的流程（欢迎语、介绍语、开始时间）	文案及流程撰写	已完成
开课后转化话术（私聊、介绍课程、升单、促单等）	转化 799 元、1980 元	已完成

由上可见，活动执行需要准备的物料包括：商品、工具、活动推广物料、渠道物料、文案话术等。

6.1.2 活动执行的工具准备

一般来说，做社群活动经常涉及的活动玩法有抽奖、折扣、优惠券、拼团、打卡、手气最佳、满减、加赠、限时秒杀、朋友圈点赞送礼、评论有奖、任务宝、测试、排行榜、砍价、助力、分销、投票等，这些都需要对应的工具支撑。

社群工具在活动中的应用非常重要，这里的工具有个人微信和企业微信两种不同的管理场景，对应的工具也不同。微信管理工具可以帮项目操盘手完成社群日常维护工作，比如自动发送入群欢迎语、自动回复、管理群员、多群群发等，甚至还可以实现裂变或者信息存档、签到积分等提升效率的功能。具体工具的用法此处不做讲解，可根据具体项目选择适合的工具。

6.2 社群活动执行的人员组织

准备好活动所需的工具和方案后，为了所有人都能了解并且配合活动正常执行，在活动执行前，要给所有参与这次活动的人员进行明确分工和安排。

6.2.1 如何做好团队的分工

活动之前，对活动人员的安排也是非常重要的工作。如果人员安排不当，则很容易出现某些工作找不到配合的人等情况。

第一负责人主要负责本次活动的安排和统筹，是拥有最高执行权的总指挥。通常会根据活动的项目来安排第一负责人，同时有相关人员配合，协同进行工作。比如要发布一个海报，需要文案、设计及运营相关人员参与，如果第一负责人是运营人员，则文案和设计根据运营的需求和执行要求进行配合，最终发布的品质和时间按照运营的责任制进行跟进，由运营来交付海报发布的结果。

这样安排的好处是，在不知道此项目是由谁准备的情况下，不会出现任务的遗漏和偏差。统筹的过程中需要有主次，同时需要有人为每项进度负责。

表6-2所示的社群活动统筹安排表就是根据表6-1对应的项目进行负责人和配合人统筹的。

表6-2 社群活动统筹安排表

日期		项目详情	负责人	配合人	备注	完成情况
周四	1月28日	第一次启动会议				已完成
周五	1月29日	文案海报设计（周日前）			2张头图、2张详情页、2张宣传海报	已完成
		选品完成和提供数量、渠道佣金结算及交付方式敲定			选品素材及库存	已完成
周六	1月30日	引流话术、服务注意事项			引流后对用户怎么回复进行优化及复盘	已完成
		流量话术和引流方式				已完成
周日	1月31日	社群发圈模板和素材准备			话术3段、课程问题解答文档（3节课及21天的）	已完成
		社群3节引流课录制及时间安排			设定截止时间	已完成
		上架课程				已完成
周一	2月1日	3节课的交付和SOP流程话术			直播公开课的稿件及社群、裂变SOP	已完成
		渠道的交付和对接沟通（9.9元3节课）				已完成
周二	2月2日	介绍和简历，项目介绍				已完成
		营养师相关资料汇总及整理				已完成
		复盘会：前期筹备情况，梳理可沟通的渠道和KOL			流量渠道转化情况复盘及后期预估	已完成
周三	2月3日	21天训练营板块的发售和流程话术			如何跟大家介绍21天训练营及为什么要学	已完成
周四	2月4日	正式发售				已完成

续表

日期		项目详情	负责人	配合人	备注	完成情况
周五	2月5日	渠道流量对接和调整优化				已完成
		团长动员会及资料提供				已完成
周六	2月6日	三方渠道流量搜集和汇总,复盘会				已完成
周日	2月7日	21天训练营的服务SOP				
		21天训练营相关素材和准备			素材包括资料包、表单、服务文档、奖状证书等	
周一	2月8日	渠道流量对接和调整优化				
		9.9元课程预热和发布通知			备选项为裂变分销模式,分享佣金为9.9元	
周二	2月9日	9.9元3节课交付直播课(预备一次)				
周三	2月10日	成交后预备方案二(复盘)			流量渠道的优化、招募剩余的数量	
周四	2月11日	春节休息				
周五	2月12日	春节休息				
周六	2月13日	春节休息				
周日	2月14日	春节休息				
周一	2月15日	预热9.9元公开课的交付			发圈、群发消息、私聊	
周二	2月16日	9.9元3节课交付直播课(预备二次)		全体	备选项为9.9元课程裂变分销模式	
周三	2月17日	训练营售前服务			全体(小助理)	
周四	2月18日	训练营开营仪式			全体(小助理)	

社群活动的运营团队中有3个核心角色:运营官、内容官、信息官。

运营官:主要负责社群活动的运营统筹及所有执行操作的准备,通常是项目的统筹者和管理者。社群的运营官一般需要制定 SOP 及项目推进表，然后按照具体方式安排活动，并统筹所有前后台运营人员、"水军"等。

内容官：主要负责撰写并输出社群活动所需的内容，海报文案、话术、活动素材等，统筹文案人员和设计人员等。

信息官：主要负责社群活动工具的操作及安排，做好风险防控，监测活动数据及复盘数据情况，统筹所有系统工具服务商、数据专员等。

不同角色的合理分工将使社群运营变得更加高效。不过，在完成分工后还需要注意以下几点。

◎ **方案持续迭代**。一个好的方案不能反复使用，需要根据数据的监测情况进行复盘并且持续迭代，优化并提升数据转化率。

◎ **避免死板分工**。很多时候社群活动需要多个部门和多个业务人员合作完成，在项目进行中如果有突发情况，就需要灵活进行项目的分工，如重新安排第一负责人。

◎ **审核工作**。每个活动进行前需要进行测试及试验，包括工具、流程、操作话术等，审核每个内容的合规性及顺序。防止活动进行过程中因为某个流程衔接不上或者内容找不到，而导致后面的活动无法继续，最终影响转化结果。

◎ **做好风险防控**。社群的风险控制非常重要，微信平台对于频繁发信息、发朋友圈、支付等都有严格的风控机制，因此在活动中一定要有风控机制的备用方案。例如，以防群主号被举报或者被封，一定要有备用号作为管理员进行社群的活动和运营。

对人员进行分工后，还要设定人员的考核标准和奖惩机制。此处不做具体讲解。

6.2.2 如何做好团队的协作

不管是什么活动，团队协作都非常重要，很多大体量的社群活动甚至需要多人多团队并进行多方协作。

表 6-3 所示为某次门店社群活动的项目团队协作表。此活动需要甲方和乙方协作，确定每个环节的进度和第一负责人，以持续推进项目的进度。

表6-3 某次门店社群活动的项目团队协作表

品牌方（甲方）	社群活动操盘方（乙方）
第一负责人	第一负责人
项目执行	项目执行
确定方案执行人员的负责时间节点，操盘手2个	1~2个活动操盘手
设计海报，确定文案人员	提供海报设计需求
群内"水军"人员5名以上	准备"水军"话术
确定社群活动执行时间	撰写活动执行方案草案、项目进度表
确定活动选品	提供选品意见
确定活动方案和活动课程内容	
确定门店动员会内容、培训时间，以及参与人员	撰写门店培训方案，负责门店启动会的培训
确定门店引流种子用户和激励方式	
门店培训后督导门店相关人员发圈并按规划时间执行，制定激励方案	
门店提供到店后承接转化方案	
门店汇报活动期间门店的数据	提供数据模板
培训活动操盘手	撰写操盘方案，跟进项目并调整优化

这里提供一份团队协作详细的避坑指南。

◎ 项目进行中一定要多跟甲方沟通，避免出现自己辛苦半天，甲方却觉得没有效果。

◎ 项目进行中一定要按照目标和流程严格执行，不要因为其他情况轻易妥协，以免最终目标实现不了。

◎ 所有项目都要确定第一负责人和对接口，跟进时要按照项目进度与第一对接人进行沟通。

◎ 做好备选方案，遇到危急情况时，以冷静的心态去面对，必要时，召开紧急会议，及时调整社群操盘方法。

在推进项目的过程中，操盘手需要明确目标、执行方式、每个部门的职责，以及各项工作的完成时间，让每个部门、每个团队都能在项目里协同起来，最终达成目标。

6.2.3 如何开好社群活动的培训会

要做好私域活动,活动前组织培训会非常重要。培训会能让所有人统一且明确地知道社群活动的重要性和工作内容。

1. 制定社群相关人员激励方案

开展培训会,需要先通知相关的执行人员,让他们清楚地知道自己的角色定位、执行力、行动力。例如,一个门店导购员,他需要明确自己在这场活动中需要做什么,是引导加粉丝还是发朋友圈,同时还需要明确做了这些工作后会有什么好处。

动员员工一般可以采用两种方式:第一种是销售利润提点,比如卖一份99元的会员卡,可以得到30元的销售利润提点,这样店员会很有动力进行转化和销售;第二种是竞赛激励。

使用以上两种方式,门店导购员会更容易配合进行线下活动。也有一些品牌会采用绩效考核、与门店业绩挂钩等方式来激发员工的行动力。不管用哪种方式,只要对导购员的行动产生好的影响,就是一个好的方案。

操盘手在做培训和激励员工的时候,一定要考虑人性问题。在整体活动方案中,对于所有执行人员都应该有相应的激励方案,并且最好制定阶段性的阶梯式激励方案,这对整个活动的开展有非常正向的反馈效果。

2. 开会需要准备的内容

开培训会先准备会议材料,包括会议的事项安排方案、活动策划方案、人员分工安排方案等;然后通知参会人员开会的时间和地点、开会的主持人和决策者等;最后讨论会议要点,罗列需要讨论的内容、需要决策的方案及需要解决的关键问题。

组织培训会之前,需要确定活动的背景、时间规划、人员安排,以及活动需要哪些部门协调、第一负责人、活动内容的调整和建议、沟通方式、投入和产出预算、风险防控方案。整个活动是一个全员联动的形式,因此每个节点和负责人的配合都是非常重要的。活动中要有整体协调的第一负责人,并能够获得高层领导的支持。某门店社群活动培训会的大纲如表6-4所示。

表6-4 某门店社群活动培训会的大纲

项目	内容
活动介绍	本次活动的主题、方案和推进时间
活动套餐	介绍活动转化成交的相关内容
裂变机制	裂变活动的方式、内容、奖励
工具讲解	裂变活动中使用的工具
活动目标	保底目标、奋斗目标
激励方案	小组奖励、个人奖励
推广培训	确定门店人员如何参与
如何发微信信息给用户	确定门店导购员以何种方式和内容发微信信息通知用户参加活动
如何发朋友圈信息	确定活动前期、活动中期、活动后期的朋友圈信息如何发布
微信群引导	将相关微信群中的用户引导到活动微信群
线下地推	以门店线下发传单等形式进行推广
电话联系	通知门店原有会员
用户到店	通知会员到店

对于一场门店社群活动培训会，需要做的工作如下。

◎ **告知开展社群活动的原因**。需要明确告知店员做社群活动要达到什么样的目的、采用什么样的方法，做社群活动的好处，以及社群活动所得的长期结果。

◎ **对社群活动前期的要求**。需要明确开展社群活动之前需要做什么准备，以及做微信活动的一些基本操作，对店员进行详细的培训，使店员快速明确整个活动的前期准备工作。

◎ **用户画像**。分析用户画像，设定用户画像，针对用户画像进行社群的运营和维护。

◎ **用户分层**。培训店员对用户进行准确分层，将忠实且有价值的用户和普通用户进行区分，重点与忠实用户进行沟通，并且邀请其参与活动。

◎ **培训打标签**。给用户打标签是非常重要的，这样能够让店员快速地对用户进行分层梳理，并针对精准的用户进行详细的话术营销。比如对于已参加活动的用户，就可以精准推送活动开始的信息，以及活动用户的见证资料；对于没有参加活动的用户，则可以推送活动的福利优惠，吸引用户尽快进群参加活动。

◎ **用户流量区分**。对店员进行用户流量相关知识的普及，这有助于店员理解什么是社群运营和用户流量,并配合进行社群流量的引流工作。

◎ **配合社群营销人员做好一场活动的准备工作。**很多活动需要店员进行前期的流量引流配合和社群运营的配合,因此需要告知店员如何配合活动的前期工作,需要操作的流程和执行的动作,以及结果是什么。

◎ **把自己的用户留在群里。**长期的社群维护还是要依靠店员的,因此需要培训店员如何长期维护社群,如何做好后期的社群运营工作。

◎ **工作安排。**对本次活动的内容进行梳理,告知合作方如何配合、如何协调,以及时间和活动流程的详细安排。表6-5所示为某次社群活动商家需要做的工作。

表6-5 某次社群活动商家需要做的工作

时间	工作内容
建群前	按要求发朋友圈,预热活动,给想参与的人打好标签,告诉对方建群的时间
	私聊邀请重要的意向用户,并请其帮忙多邀请朋友参加活动
9月27日	提醒参加的人即将拉其入群
	下午3点统一拉用户进群,先拉39个不熟悉的,再拉打过标签的用户进群
	晚上8点进行社群猜图有奖活动,活跃群内气氛
9月28日	下午4点社群用户活跃,此时配合进行群内互动
	晚上8点课程期间进行互动,8点30分进入成交59元卡环节并收款
	根据情况私聊用户,推荐59元卡
9月29日	根据情况私聊用户,推荐59元卡追单,群内抽奖

将本次活动的SOP梳理出来,并且告知店员。表6-6所示为整个活动安排。

表6-6 整个活动安排

时间	执行动作
建群前	提前建好社群并设好群名,拉商家进入社群并设置成管理员
9月27日	下午3点开始拉用户进群
	进群后机器人发布邀请有礼话术
	晚上8点进行社群互动,猜图有奖,最先猜中者可以获得一片面膜
	"水军"进行话题互动,活跃群内气氛
	预告第二天晚上还有活动

续表

时间	执行动作
9月28日	下午4点社群用户活跃，进行答题有奖活动，共5题，先答对的2人各奖励一片面膜
	晚上8点公布邀请有礼活动截止，上课前进行互动，8点30分进入成交59元卡环节并购买后进行群接龙
	晚上9点、10点追单，"水军"加入互动，私聊用户并推荐59元卡
9月29日	根据情况私聊用户，推荐59元卡追单
	中午12点预热抽美容仪活动，群内抽奖，抽中的必须是买了59元卡的人，这样才算中奖有效

6.3 如何做好一个操盘手

本节单独讲解如何做好一个操盘手是因为一个好的操盘手很难得，需要具备的素质及能力非常多，而且他是策划和执行好一场私域社群活动的灵魂人物。

6.3.1 需要具备的基本素质

1. 以积极的心态服务顾客

操盘手需要具备积极提供服务的心态，让顾客觉得商家所做的工作是有价值的，而且面对顾客的提问要有耐心。做团购或者门店生意的社群，顾客通常不是一次性消费，所以服务到位是很关键的。

2. 灵活处理售后问题

处理售后时，懂得倾听非常重要。懂得倾听指的是让顾客把想说的话、想吐槽的商品问题说完。遇到售后问题一定要安抚好顾客，让顾客放心，然后根据问题的实际情况给顾客一个预期的处理结果。除了懂得倾听，操盘手还要有随机应变能力，能妥善处理临时出现的问题，并维护好社群的氛围。如果遇到顾客纠缠不休，需要应急处理的情况，可以先将顾客移除群聊并进行私聊，同时在群里安排氛围组人员进行话题的转移。

3. 以良好的心理素质应对危机

良好的心理素质体现在面对危急情况和突发情况时的处理能力。操盘手对待项目的重大失误或者临时风控问题，需要有良好的心理素质，能够有针对性地处理各种问题，尽快解决社群的危机或者临时问题，降低损失。

除此之外，操盘手要有敢于迭代的精神，对自己之前制定的方案进行分析、优化。

6.3.2 需要具备的能力

为什么那么多人想做私域，市面上也有那么多社群运营人员，却很少有优秀的操盘手呢？

原因很简单：操盘手需要具备多项能力，包括社群搭建能力、敏锐的数据分析能力等，会管理社群的人不一定具备这些能力。

那么，操盘手跟社群运营人员有什么区别呢？

社群运营仅是一个执行岗位，而私域操盘是一个兼具统筹、搭建的管理岗位。

单纯的社群运营人员只会执行一些基础的、某些范围内的私域社群运营工作，并通过经验进行简单的调整和优化。而操盘手懂得从多个方面去提升、优化社群的运营能力，并且能够管理、培训整个运营团队，搭建整个私域流量体系。

调查和走访了上百名操盘手以后，发现操盘手大都具备以下能力。

1. 数据分析能力

数据对于社群运营而言是非常重要的，如果不能明确数据反映的问题，那么一定不是一个合格的操盘手。在社群运营中，操盘手不仅要对数据敏感，能准确分析数据，还要能明白数据所反馈的问题，并能够针对不同的数据及时进行调整。

操盘手需要对整个社群活动进行数据复盘，并且罗列出其中的数据，找到运营工作中可能出现的漏洞。很多社群运营人员无法晋升为操盘手的原因之一是缺少分析数据、根据数据进行工作调整的能力。

例如，一个美妆品类的社群，短信渠道和包裹卡渠道的转化率正常情况下是

4%~7%，但是某个时间段转化率不到2%，那么操盘手就需要确定是渠道出现了问题，还是原有话术对用户已经没有诱惑力了，抑或是其他原因，然后根据数据发生的原因进行尝试性修改测试，从而找到真正的原因并进行改正。

2. 活动营销能力

操盘手需要具备一定的营销基础，这样才能基于营销理论的底层逻辑做好社群的转化和成交任务。因此通常有营销背景的人更容易晋升为操盘手。

在做市场营销的过程中，操盘手应该学习一些心理学知识，比如社会心理学和消费行为学的知识，对操盘项目很有帮助。虚荣效应、从众心理、损失厌恶等心理学知识有助于操盘手理解大部分的社群运营逻辑和体系框架。

3. 广告营销能力

广告营销能力是操盘手应具备的基本能力之一。掌握广告基础理论，对社群内容的呈现、流程的设计都有所帮助；而掌握广告营销能力，对实现转化和成交是非常有帮助的。

4. 团队管理能力

每个好的操盘手都不是一个人在战斗，必然还有并肩作战的团队。将事情分出轻重缓急，并安排给相应的团队成员，这就是操盘手需要具备的项目管理能力之一。此外，根据团队中每个人的优缺点，进行项目的规划和推进，同时进行团队内部激励和及时复盘等，都是操盘手需要具备的管理能力。

操盘手如果具有很好的团队管理能力，在项目操盘上会更加简单。对于整体项目的目的和分工，需要操盘手对整个团队进行赋能和培训，务必使团队及其他部门相关人员知道整个社群运营的原因、目标、进展情况，让所有环节都动起来。

5. 使用工具能力

社群运营多数需要技术的支持，必然会涉及工具的使用，因此使用工具的能力也是不可替代的。每种工具的应用场景和使用方法不同，使用的条件也不一定相同。了解在何种情况下使用何种工具，也是非常重要的能力。比如有的工具适合在社群裂变时使用，有些则适合用于社群的长期运营管理，还有的适合在进行社群激活时使用，这就要求操盘手对市场上大部分的工具有一定的了解，或者具有根据技术需求开发适合的工具的能力。

6. 多类目搭建能力

很多社群运营人员只具备某一类目的社群操盘能力，并没有晋升到操盘的岗位上。操盘手需要具备针对不同种类的项目制定不同策略的能力。比如门店拓客活动跟社交电商社群活动就是完全不同的类型，需要操盘手针对活动类型运用不同的方案，搭建不同的活动体系。

7. 文案设计能力

文案设计是操盘手非必需的能力，但是作为操盘手，需要对文案和设计有严格的要求，对于用户喜欢哪个类型的文案和设计要能够准备判断。

8. 选品包装能力

在社群中销售产品，需要低价格、高价值的产品，也就是需要塑造出产品的价值感，因此对于选择什么样的产品及如何包装推送，操盘手都要准确把握。

9. 沟通协调能力

私域运营一般需要跟很多部门、负责人进行协作，以保证社群活动正常执行，所以沟通协调能力也是操盘手必须具备的能力之一。

操盘手一定要善于规划和管理项目。这主要体现在，能够对多个事件按照逻辑顺序进行排列，并且按照具体情况进行时间节点和空间的安排。在私域项目中，操盘手可以把事件进行优先级排序，并且按照每件事情的紧急重要程度进行规划，从而达到需要的管理和规划效果。

此外，操盘手也需要构建属于自己的知识体系，为此需要做输入—加工—输出的内化训练。当看到好的内容时，要第一时间内化学习，并尝试输出自己的知识和操盘方法。当有足够多的知识积累时，操盘手就能根据不同的项目输出不同的操盘方案。

在私域行业里，操盘手要想构建自己的知识框架，可以先学习专业的书籍并做好学习笔记；然后学习行业优秀从业者的资料并根据资料复盘全案，输出文章或者对外进行分享，内化为自己的知识体系；最后，有效地训练自己对知识的获取能力，并且与不同的行业大咖进行深度交流，学习他们的思维和经验。

第 7 章
社群促活留存和成交

本章主要知识点

◇ 促进社群活跃的方式：话题促进活跃、活动促进活跃、打卡和积分促进活跃、氛围组促进活跃等。

◇ 社群如何做用户留存：了解用户的成长体系；根据用户金字塔模型中不同层级的用户采用不同的方法运营和管理；根据用户生命周期分层管理用户。

◇ 社群如何做成交：了解促进用户成交的方法、社群成交的因素，以及社群发售的基本步骤。

大多数行业从业者都在说如何做增长活动、如何做裂变，但社群的转化率才是核心。如果只有用户而没有转化，那么再好的社群运营只是虚假的"数据繁荣"，并没有真正精准有效地达成最终的目标。

本章将介绍如何促进社群活跃、如何做用户留存、如何做成交。

7.1 如何促进社群活跃

搭建私域社群后很重要的一个环节就是促进社群活跃。社群的价值、黏性、留存率和转化成交都和社群的活跃度息息相关。很多做社群运营的人做不好促进社群活跃的主要原因是没有找对促进社群活跃的方法和节奏。

7.1.1 促进活跃的目的

促进社群活跃的主要目的如下。

1. 为了社群后续的转化

促进社群活跃，很多时候是为了给后续社群转化成交做铺垫。我们经常会在快闪群、销售群、秒杀群中看到促活活动，这样做主要是为了让用户在短时间内集中注意力，参与活动。因此这类促活活动经常是短时间、大消息量、集中的社群活动。

商家经常会用较大的福利折扣、优惠活动，甚至是花费营销费用等方式来促进社群活跃。在执行的过程中可以发现，社群前期的活跃度在很大程度上会影响社群后期的转化。因此，社群活跃度和社群转化是正向的促进作用，操盘手在执行社群转化之前，要促进社群活跃。

2. 为了让用户之间建立链接

社群活跃在某些方面是为了让用户之间建立良好的链接，社群在很大程度上具有社交属性，因此在促进社群活跃的过程中，往往也是给用户建立一个社交场景。当用户之间能够自我介绍、相互沟通时，整个社群的黏性和活跃度会非常高。

3. 为了给用户创造话题

社群活跃时能够为用户创造更多的话题，让用户进行话题讨论。很多学习类社群都会用主题讨论、复盘会、拆解案例等形式创造话题，这样能让用户在社群中获得更多的话题。用户参与话题创建，能产生社群价值，进而促进社群活跃，使社群生命周期更长久。

4. 吸引用户关注并参与活动

社群活跃时可以吸引用户关注并参与社群活动。很多品牌方在进行社群品宣活动时，经常需要吸引用户参与活动，这时适当促进社群活跃，可以让用户更容易参与活动，从而使品牌得到更多的曝光机会。

7.1.2 促进活跃的方法

促进社群活跃的方法有很多，主要有以下几种。

1. 话题促进活跃

（1）吸引用户讨论话题

促进社群活跃可以使用吸引用户讨论话题的方法。比如在知乎、百度、微博等平台找到合适的热点话题，然后将话题发到社群里，吸引用户进行讨论和话题分享。当用户围绕一个话题集中进行讨论时，不仅能使社群活跃起来，社群整体的运营压力也会减小。

例如，运营宠物社群时，可以从各平台寻找宠物用户关心的话题，比如如何驱虫、修剪指甲、治疗皮肤病等。这些能让用户产生共鸣的话题可以快速促进社群活跃起来。

表7-1所示为某零食水果店吸引用户讨论话题一周的规划。

表 7-1　某零食水果店吸引用户讨论话题一周的规划

社群话题规划						
周一	周二	周三	周四	周五	周六	周日
（水果小知识）我今天发现了一个不错的水果吃法~哈哈~你看这个如何？	（零食）上回买了点零食，这个网红款我家小孩儿特别爱吃，还有吗？我晚上来买~	可以给我留点××吗？我等会儿来拿，昨天吃了，味道挺不错的。	我是不是还有一个××没拿呀？今天等会儿来拿可以吗？	店里一般几点开门呀？啥时候关门呢？	哈哈，我准备去××玩了，有没有顺路的？一起呀	今天会员礼你们拿了什么？求问
聊水果话题，并说明新鲜和甜度，以及货源产地、品种等区别	我领到××啦~哈哈，秒杀果然顺手~	今天还有秒杀活动吗？还是接龙？我想要××可以吗？	我想要买××，店里还有吗？今天有什么优惠吗？	现在还有××吗？可以给我一份吗？	会员礼物你们拿的什么呀？还有吗？我等会儿也去，可以去拿吗？	我拿了××ᅟ

（2）共创话题

通过共创某个话题来促进社群活跃，比如一些学习社群，会通过共创一个项目或者执行某一个方案来促进社群活跃。提出一个大的行动目标或者方向，社群成员共创话题，能够让社群很快活跃起来。

（3）提问回答

很多学习群或者有 IP 和 KOL 的社群会用这种方式促进社群活跃，由用户在固定时间提出问题，群主或者 KOL 解答问题，用户得到满足，从而使社群活跃起来。这种方式经常在知识付费类社群中出现，提问和回答可以使用户更关注社群话题，树立老师的权威性。

（4）价值输出

进行价值的输出是促进社群活跃非常重要的方式。当社群里有用户需要的内容和资料时，整个社群的活跃度会非常高，同时社群也会产生相应的价值。

笔者有一个专门做私域社群资料整理的社群，这个社群的创建初衷就是分享与社群相关的话题和资料，学习社群运营方面的知识。因为社群里经常会分享很多与社群运营相关的资料，包括一些内部案例，所以整个社群活跃度比较高。同时，社群成员也会在社群里进行社群相关内容的讨论和分享,整体社群成员满意度非常高。这就是利用了价值输出的方式来促进社群活跃的。

2. 活动促进活跃

(1) 抽奖

抽奖活动是日常用得较多的一种促进社群活跃的方式。较好的产品和较低的抽奖门槛是活动成功的关键。

很多私域社群经常会组织粉丝参与抽奖活动,利用活动工具进行社群抽奖活动。如果将活动分享出去,那么还可以额外获得一次抽奖机会。虽然中奖概率不是很高,但是依旧有很多粉丝会参与抽奖活动。参与的方式是点击链接+点击抽奖按钮,这对用户来说参与抽奖活动需要付出的成本很低,因此参与的人会很多,对促进社群活跃起到了很重要的作用。

抽奖过程中可参考的操盘话术如下。

操盘手发布:要开始抽奖啦!仅限购买过的用户来抽取哦!(预热)

抽美容仪一台~今天下午2点准时开始抽奖~(提前通知)

2点准时发布:抽奖啦抽奖啦!请【购买过的】用户点击红包抽奖哦!(提醒活动开始)

如果没有购买,抽中后购买仍可作数,否则视为放弃中奖资格。

(2) 游戏

游戏对促进社群活跃非常有意义。很多人都喜欢有趣的活动,在社群里做游戏能让用户感受到快乐,并且会集中关注社群的活动。社群游戏的形式比较多样,如通过H5或者小程序链接发布打飞机、跳高等游戏,并且可以通过游戏积分排名等方式来激励用户参与活动。设置的游戏奖品可以是免费领取的礼品、现金红包或优惠券等。

(3) 手气最佳

手气最佳是指社群里发布一个红包,红包中设定一定数量的随机金额,社群内用户领完红包以后,谁的手气最佳,谁能领取一个奖品。这种促活活动能在很短的时间内让社群气氛活跃起来。

手气最佳促活活动在发红包时一定不要设置为等额,而且要提前声明游戏规则,以系统设定的手气最佳为准。发红包前尽量修改默认的红包封面文字，让用户明确知道是以此红包的手气最佳作为依据。

发红包的话术如下。

① 话术1

（发签到红包。）

签到啦签到啦！12点正式开始秒杀活动！

还有5分钟要开始秒杀啦！我来公布一下活动规则！下一个红包"手气最佳"者获得一款××商品，领奖时间2天内有效，8月19日前可到店凭微信截图直接打卡领取噢~大家准备好了吗？

开始啦！小伙伴们抢起来呦！

（发红包。）

② 话术2

红包马上出发！

准备好的回复1~

恭喜××获得免费饮品！8月15日前凭获奖截图到咱们店打卡领取噢！

没抢到的别着急~咱们每天一次的"手气最佳免费送"活动周一到周五都会有噢！明晚8点关注我们，继续秒杀起来！

（4）拍一拍

"拍一拍"活动是微信的另一种促活方式。私域项目中经常会采用"拍一拍"的游戏方式和用户进行互动。社群运营话术参考如下。

特价秒杀××产品，仅限前5个双击我头像拍一拍我的小伙伴。赶紧来拍拍我吧！

（5）发红包雨

发红包在社群运营中经常用到，特别是有红包雨的时候，社群会更活跃，而且用户会集中参与。不过发红包雨也需要讲究技巧，红包封面文字、红包金额、红包数量等都会对社群起到不同程度的促活效果。

有些社群需要用户集中注意力的时候，会使用红包雨搭配群通知和群待办的方式，可以在短时间内吸引群内大多数人关注。

（6）群接龙

群接龙是非常有用的一个社群促活方式。群接龙是微信自带的功能，经常用于召集活动、听取建议、猜测答案等社群活动。人们在社群中有从众的心理，因此当进行群接龙的时候，用户会因为好奇而围观社群内发生的事情，进而想参与社群的活动，然后会发生参与接龙的行为。

除了微信自带的功能，还有一些工具可以实现群接龙，能够更有效地直接成交并在群内进行接龙，操盘手可根据社群的实际情况选择使用。

（7）成语接龙、有奖问答、诗词大赛、有奖评论等

成语接龙、有奖问答、诗词大赛、有奖评论等方式同样可以用于促进社群活跃。不管运用哪种方式，最终都需要达到让用户在社群里产生互动、参与活动，并且集中关注的效果。

每种社群活动的设置都是为了给下一阶段的社群运营工作做铺垫。单纯地促进社群活跃并不能产生太多价值，实现社群成交转化才更有价值。

3. 打卡和积分促进活跃

社群打卡和积分是促进社群活跃常用的方式。当用户以自主打卡或者积分签到的方式参与社群活动时，社群留存率和活跃度都会得到提升。

社群打卡的方式适合知识付费类、兴趣爱好类的社群使用。知识付费类的社群使用打卡的方式可以提高社群的到课率，从而有助于提升后期课程的满意度。兴趣爱好类的社群采用打卡的方式则能提高用户与社群黏性，提升用户的关注度。

组织打卡、积分等活动时，需要注意如下事项。

（1）选择适合的打卡和积分工具，上架之前测试工具的便捷性。

（2）打卡、积分一般会设置一个开始时间和截止时间。

（3）打卡、积分兑换的奖品要具有吸引力，符合用户的需求，这样用户才能产生足够的动力参与打卡或积分活动。

4. 氛围组促进活跃

（1）社群氛围组的任务

社群氛围组是指在社群中负责营造社群活跃气氛，使用户更容易下单的工作小组。社群运营中有一个重要的心理学理论——从众心理，人都有趋向群体的心理，当人处在群体中时，决策智商会变低。将从众心理运用到社群运营里，当有购买用

户发圈或者在群内说产品好，其他人也会有购买的意愿。

社群氛围组的任务主要是促进社群活跃，让用户保持活跃并进行话题讨论。社群氛围组执行任务的过程中需要提前制造话题、进行话题调研等，从而吸引用户加入话题讨论，提升留存率。

（2）社群氛围组的分工

一个好的社群氛围组往往不止一个工作人员。社群氛围组的工作人员会作为社群用户进入社群，以用户的身份进行话题讨论、活跃社群气氛等。在分工方面，有些作为求助型用户，进行适当提问，引出话题；有些以"专家"的形象进行解答；还有一些作为普通用户发相关见证信息和跟随讨论。

（3）社群氛围组如何展开工作

社群氛围组成员在展开工作时，可以先说一些自己的困惑或者难点，引起社群成员的情感共鸣，通过情感共鸣产生话题和讨论，社群里的用户就会更活跃并愿意下单。

社群氛围组可以按照以下方式展开工作。氛围组中的成员提出话题并@社群内一位成员，唤起对方的注意。比如在社群里推荐小儿推拿训练营，当大家都在聊孩子行为习惯的问题时，氛围组成员需要插入话题，可以找一个关键词（如健康），@社群内一位成员发表言论，使这个话题与小儿推拿产生联系，进而推荐小儿推拿训练营。

7.2 如何做用户留存

要做私域社群，就需要先了解用户的成长体系。私域流量中的用户成长体系指的是用户在其微信体系内的整个生命周期中呈现的成长模式。

每个人在成为某个品牌或某款商品的用户以后，都会有活跃期、消退期、流失期、沉睡期。其中，每个时期又都分为初级阶段、成长阶段、成熟阶段。

在一般的用户成长体系里，常见的是金字塔形的用户成长模型，因此下文会着重介绍用户金字塔模型。只有了解了用户的成长模型，才能提高社群内用户的留存率。

用户留存率=（新增用户在第 N 天仍然使用产品的人数÷第 1 天的新增用户

数)×100%($N=2,3,4,5,\cdots$)

7.2.1 用户留存的基础理论（RFM 模型）

RFM（Recency，Frequency，Monetary）模型是一种数据分析工具，主要通过分析付费用户的行为，对付费用户进行分层，从而达到精准营销的目的。

R（Recency，最近一次消费）：用户最近一次消费的时间，如 30 天内或 10 天内。

F（Frequency，消费频率）：用户消费的次数，一般是根据用户消费产品的周期来计算的。

M（Monetary，消费金额）：消费的金额大小，是判定用户价值非常重要的一个指标。

根据以上 3 个数据，可以判定用户在固定时间内的消费频率和消费金额，这样可以计算用户留存率。

优秀的用户可能在短期内消费了较大金额，并且多次复购。对于这样的用户应该着重维护，并且给予用户更多的权益和利益，鼓励用户继续购买。

如果是短期内购买过一次的用户，那么可以根据消费频率进行二次购买提醒和正常维护。

如果监测到用户购买的消费频率有降低的趋势，那么也可以根据数据优化社群服务方案，以保证用户能够及时得到激励并产生购买行为。

运用 RFM 模型时可能会发现，少量用户的购买金额甚至超越了其他用户的购买总金额。这是常见的现象，因为精准用户会创造极大的价值，需要花更多的时间对精准用户进行维护。至于其他用户（如沉睡用户），可以采用其他方式进行激活。针对普通用户，可以通过进行多次促销活动来提升用户的活跃度和关注度，从而提升社群的销售额。

7.2.2 用户金字塔模型

用户金字塔模型：第一级是社群的管理人员，第二级是有价值的用户，第三级是一般性用户，如图 7-1 所示。针对不同层级的用户，需要用不同的方式运营和管理。

图 7-1　用户金字塔模型

1. 管理人员

管理人员指的是需要面对用户的人员,如群主、群管理员。管理人员需要确定好人设和话术,要做到及时回复、时常互动等,要让用户第一时间就能接触到。

2. 有价值的用户

有价值的用户指的是高价值、精准的用户,即忠实用户,他们通常扮演着KOL的角色,足够活跃且能贡献相应的价值。对于这部分用户,品牌方和项目方需要花更多的时间和精力来维护。大多数KOL用户需要进行更精准的维护,可以赠送生日礼物、体验新品、兑换积分、享受买一送一等特权。

3. 一般性用户

一般性用户指的是普通用户,社群中80%以上属于一般性用户。对于这部分用户,只需要进行日常的促活和运营转化即可。

对用户金字塔模型的总结为:维护好高价值的用户是非常重要的。高价值的用户能带来最高的收益,因此从普通用户升级为VIP用户,再到KOL级别的有价值的用户,品牌方需要设计好用户的升级路径,让用户按照既定路径进行升级。

在设计用户权益体系的过程中,一定要参考整体的会员权益体系来进行。很多时候,若能对VIP与KOL级别的用户维护到位,就能带来最大化的社群效益。因此可以针对精准的 VIP 和 KOL 用户设定高级别的权益,以实现与普通用户的区分。

这里的权益设计可以根据社群活跃度、消费购买额度、累计消费额度、消费频率、分享频次等维度来进行。根据不同的维度考核用户,能够更精准地判断用户的价值,并给予用户更好的激励反馈。

7.2.3 用户生命周期的管理

如何发现用户的生命周期?我们可以参考行业数据,或者通过对长期积累的用户数据进行分析来判定用户的生命周期。

用户生命周期包括活跃期、衰退期、流失期、沉睡期。

经常进行购买的,是处于活跃期的用户,对于这类用户,只要适当维护就可以产生极大的转化价值。如果用户有一段时间积极购买,过后购买频率开始下降,那么用户就有可能进入了衰退期,对于这一时期的用户,当前这个产品只是他的可选项之一,但是他的兴趣已经不大了。品牌方或项目方需要利用新的活动或者促销方式进行刺激,让衰退期的用户继续对产品保持较高的兴趣。如果是处于流失期的用户,那么他们很有可能陷入了可买可不买的选择中,或者已经有了新的品牌产品占据了用户的心智,让用户更倾向于购买新的品牌产品。这种情况下,品牌方需要有更好的理由来激活用户,让用户产生购买行为。用户进入沉睡期后,很有可能已经成了其他品牌的使用者,或者用户已经没有了购买需求。品牌方激活沉睡期用户的难度比较大,付出的成本相对更高,但可以尝试赠送老客户专属福利,进而激活沉睡期的用户进行购买行为。

品牌方或项目方可以采用以下方式促进用户成交,并对用户进行分层管理。

1. 积分、打卡

让用户长期关注社群并在社群内活跃,积分、打卡是非常好的管理方式,能够延长用户的生命周期,并且给用户一个深度关注社群的理由。

2. 内容留存

内容留存是通过给用户提供有价值的内容来延长用户的生命周期。新闻资讯、行业案例、一手资料等,都是延长用户生命周期很有价值的内容。

3. 改进和测试产品

某些品牌对产品进行测试和改进，都是在社群内招募体验用户的。这也是延长用户生命周期的一种方式。例如，某款电子设备的迭代产品，老用户能够以专有的低价进行购买，这样能唤醒一批老用户重新购买产品。

4. 促销活动

促销可以直接而有效地延长用户的生命周期，让用户保持较高的活跃度。在促销活动中，很多用户能够得到优惠，从而增加购买量，这样可以有效地提高品牌方的产品销售额。

总之，要根据不同类型的用户采用不同的方式进行激活和唤醒。当有了一定的运营数据以后，就可以尝试以下运营动作。

（1）如果沉睡期和流失期的用户较多，就可以采用组合券的形式对用户进行唤醒。例如，"××品牌回馈老顾客来啦！××元大额券已发送至您的账户，快来领取吧"。

发放优惠券时需要注意，组合券为1张高面额的低门槛券和1张低面额的低门槛券，并做好优惠券的到期提醒。发放两张券是为了让用户进行组合选择，多消费一次，并且可以提升用户的客单价。

（2）成长期的用户相对来讲更熟悉销售的产品和品牌，商家只需设置消费返券或发放中等面额的优惠券，并根据用户的购买习惯推送一些相应的文案即可。例如，"粉丝们，××活动来啦！这次活动特别为您挑选了××产品，满×元可返还×元，赶紧来参加，买得越多省得越多"。

（3）对于活跃期的用户和成熟期的用户，营销的重点是提高用户的客单价和消费频率。所以可以发一些低面额高门槛的优惠券，或者推出满减、加赠的活动，进行热门或者爆款商品的"种草"推荐等。

（4）运营和管理用户时，应该多关注流失期和沉睡期的用户。商家可以对这批用户进行抽样访谈，试着了解流失的原因。如果条件允许，则可以申请一批优惠券或者礼品作为抽样访谈的奖励。

对不同的用户有不同的运营方案，要根据不同的分层条件给用户打好标签，及时关注用户的活跃度及消费情况，从而有针对性地推送促销活动或发放优惠券。

在私域中，要如何有效提升用户的复购率呢？基本的操作方式是，在社群、商城中给用户提供年卡、会员卡、套票等服务，从而长期绑定用户，以提升用户的复购率。在用户定制 × 元年卡会员以后，商家每次为会员提供服务的时候都是跟用户接触的触点，可以通过多触点及时唤醒用户。

在提供年卡服务的时候，也可以定期推送活动，强化用户对品牌的认知，从而搭建健全的会员体系，用于延长用户的生命周期。

品牌方要如何设置会员体系呢？会员体系有很多种，大致可分为产品类、服务类、活动类、福利类、折扣、特权。

产品类：如产品年卡，每个月定期给用户发货，适合乳饮品、纸品等常规的日常消费品，用户锁定购买一次，全年享受权益。

服务类：某些日常清洁类的到家服务，或者一些虚拟类的服务咨询产品会设置服务类的会员体系。用户可以享受定期、定额的权益，如包年清洁、套餐服务等。

活动类：很多知识 IP 会有类似的会员体系，用户成为会员后，可以参与线上 + 线下的活动，活动门票以免费或者低价的形式进行打包销售。

福利类：福利类的会员体系会关联一些异业联合发布，如会员每个月可领取一次优惠券，或者付邮领取产品等。

折扣：有的会员体系会将会员分为不同的等级，会员在商城消费的时候，会因为等级不同而产生不同的消费折扣。例如，普通会员 98 折、银卡 95 折、黑金卡 9 折等。

特权：会员在享受固定福利的同时，有时会有一定的特权，如会员专属的生日礼物、升级版的会员有 VIP 客服等。

当需要提升会员体系中会员的黏性时，可以采用以下方式。

◎ **为会员营造仪式感**。比如会员会有不同色调的界面、专属客服，或者专属的头衔、证书等。

◎ **给予体验官的权利**：让 VIP 用户直接参与产品的生产，并拥有测品、选品的权利。会员参与共创产品，不仅能够给会员极大的权利，还可以快速得到用户的回馈，及时对产品进行迭代升级。

◎ **设置积分兑换体系**。积分的权益很重要，比如京东平台、淘宝平台会针对用户的消费金额、活跃度给予积分奖励，后续积分可以兑换不同的权益，甚至可以直接抵扣现金。

7.3 如何做成交

私域的成交与客单价、用户质量、销售情况、用户的信任度有很大的关系,并不是与用户建立好关系就可以实现成交的。

用户对产品、品牌的信任感来自前期品牌方对产品的包装宣传、对用户的维护,以及品牌的知名度等。

7.3.1 促进用户成交的方法

对于低客单价的产品,用户决策成本较低,用户能快速进行决策。如一款9.9元的产品,用户的决策成本不大,下单也更加简单。但如果是999元或者9999元的产品,品牌方就需要先做一些铺垫,让用户产生决策的行为,并最终购买产品。

在成交的过程中,一定要通过多个触点全方位地触达用户。基于微信生态体系,很多用户并不是不愿意参加活动,而是没有看到活动消息或者没有接收到消息,品牌方要提前了解微信整体的运营流程,以便顺利成交。

促进用户成交的方法如下。

1. 及时回复

对用户的疑问要及时回复,在用户提出需求的时候要第一时间满足,这样能够提升私域成交的转化率。

2. 按规律发朋友圈

朋友圈的内容对于成交是非常有益的,负责运营的项目方可以对用户进行精准的朋友圈内容推送,这种推送方式适合活动及促单时使用,可影响潜在用户下单。

3. 经常互动

在用户的朋友圈点赞、评论,以及与用户聊天等,这些互动形式对建立信任关系都是很有帮助的。和用户成为朋友是促进成交的有效方法之一。

4. 私聊提示用户

如果用户在社群中没有回复，那么可以私聊提醒用户购买或者参加活动。很多时候，我们在活动中会搭配朋友圈、社群来促进成交。参考话术如下。

亲，我们公司最近有个内部团购活动，因为您是我们的VIP，所以给您留了一个名额，原价××元的××产品，现在VIP只要××元，已经卖出去×份了，剩得不多了。看您没有回消息，特意提醒您一下，您要不要赶紧下单一份呢？

5. 告知用户产品的价值

告诉用户整个产品实际产生的价值，罗列出能给用户带来的好处，这些会使用户对整个产品产生更高的期待。

6. 展示产品的使用效果

明确地展示出产品的使用效果，比较好的方式是对比和相关见证。比如营销减肥训练营时，参加训练营减肥前后的对比照就是非常好的营销方式，这有助于营造用户下单的场景。

7. 明确产品拥有的品牌保障

为了打消用户的顾虑，可以对产品进行品牌背书，证明品牌质量有保障。例如，可以采用××年、××个学员见证、××知名人士代言等方式对产品进行信任背书。

8. 营造使用场景

做购买决策时，用户其实更在意购买后的使用场景。比如给用户一个什么样的身份，让他在什么样的场景下使用，这都是成交很重要的环节。

如果一个有意向购买某电脑的用户，将其定位为"铁粉"、VIP或者首席体验官，这对该用户来说都是一个非常有面子的称呼。紧接着在运营中为用户营造应用场景：办公场景里使用这台电脑，开机速度比别人快，操作便捷。用户会因此联想到自己在这个场景里，也可以更快速地打开电脑、操作流畅，从而产生购买行为。

7.3.2 社群成交的因素

影响社群成交的因素是多样化的,如情感属性、决策机制、价值感、行为能力、信任背书、其他因素,如图 7-2 所示。

图 7-2 影响社群成交的因素

1. 情感属性

用户会因为信任关系或者社交熟悉程度而选择完成购买行为。情感属性是非常容易影响成交的因素之一,它可以让用户与商家产生情感链接或者建立熟人关系,可以促进用户成交。常见的社交电商场景下,很大一部分是利用情感属性进行销售的,采用了用户推荐用户、团长推荐团长的方法进行社交关系的电商分享形式。

2. 决策关键

第一,价格决策者是谁很重要。比如珠宝类商品,往往是女性做购买决策,而男性买单,这就不是一个人决策,而是多人决策。多人决策中,一定要注意决策用户的心态、购买理由、购买能力等,这些是用户决定购买的关键。

第二,决策者的心理也很重要。以美妆类产品为例,年龄偏大的女性顾客购买决策机制与学生是不一样的。学生对价格更加敏感,更注重美妆品的"种草",而年龄偏大的女性顾客的需求是抗衰老、美白等,对价格的敏感度不高,一般对于品牌会有一定的忠诚度。

第三,消费者的消费观念会影响购买决策,因此品牌商需要调研用户画像,打消消费者在购买产品时的疑虑。

3. 价值感

价值感指的是产品的价值属性,如果这个产品的性价比非常高,那么用户就会感觉产品超值,因此会更容易购买。

例如，选择一些福利产品的时候，要让消费者有眼前一亮的感觉：这个东西超值！超出期待了！太棒了！这种心情有助于提升用户对品牌的重视程度和对社群的忠诚度。

价值感除了可以体现在产品上，还可以体现在给用户提供的服务上。比如会员生日礼物、会员福利问候、专有顾问服务等，都可以让用户体会到价值感。

4. 行为能力

用户在做购买决策时，行为能力是决定其真正购买的因素之一。比如对于高客单价的商品，用户收入达不到购买或者持续购买的水平时，可能会根据现有情况放弃购买产品。

5. 信任背书

信任背书主要体现在品牌的知名度、产品的知名度，以及专家、知名人士或者熟人推荐、好的社会口碑等方面，这是影响用户成交的重要因素。很多品牌会花很多费用打电视广告、冠名赛事等，都是为了做信任背书，让用户放心、安心地购买产品。因此在做产品介绍的时候，请记得先学会做信任背书，与客户建立连接和信任关系，让用户相信所推荐的产品，进而促进成交。

在成交过程中，适当引导用户也是非常重要的成交因素。因为用户在购买产品时相对较为盲从，所以需要在合理的环境下对用户进行适当的引导，让用户按照你的思路，一步一步解决他的问题，同时协助他下单购买。

7.3.3 社群发售的基本步骤

社群运营的最终目的是成交转化、用户留存。在成交的过程中，社群发售是经常使用的方法之一。

如果社群的体量过大，那么发售操盘难度也会变大，这种情况下通常会减少社群活跃的部分环节，尽量简单快速地进行成交。如果社群体量不大，那么可以进行精细化运营，包括跟用户多互动，产生更多的情感链接，以提高社群的转化成交率。

通过下面几个步骤即可梳理清楚一个社群发售活动必要的执行环节。

1. 产品分析和用户分析

假定一款产品需要做社群发售，那么首先要分析这个产品的特色有什么，产品的用户画像是什么，用户的需求和痛点是什么。

2. 确认用户流量来源

根据以上分析的结果来确定流量来源。这里所说的"流量来源"指的是目标用户可能存在的地方。比如美妆类的产品用户大多会在小红书、淘宝、抖音上看"种草"内容，也会在线下的美妆店、品牌连锁店出现。继续分析，这批用户是爱护肤、爱化妆的女性居多，既可能是年轻的学生群体，也可能是宝妈群体。当然，再细分的话，学生跟宝妈的消费水平和层次是不同的，而且一、二线城市跟三、四线城市的消费力和人群又是不一样的。这样一层层分析，把所有的用户流量来源拆分出来，就会发现目标用户在哪些平台上了，接下来就可以策划营销方案了。

3. 用户私域承接规划

如果要做社群发售，首先要分析用户从哪些流量来源过来、承接用户的点在哪儿、承接以后用户怎样产生消费冲动。这时通常会用思维导图或者流程图的方式把框架思路想好，从用户在哪儿看到消息、怎么进群，到进群后的动作，以及付出什么，最后能产生什么样的冲动消费。流程框架明确以后，社群发售的基本框架就出来了。

图 7-3 所示为一场社群发售活动框架的两种方案。发售背景：某省会城市的两所连锁超市需要开展线上社群活动，以吸引用户到店消费，并选择社群发售活动下单。

此次社群发售活动成交 1500 单。其中还做了方案的优化和调整，并从两种不同的转化方式中选择了第二种方案进行成交发售。

表 7-2 所示为一个社群到店 + 线上成交案例的项目流程，各环节的完成时间、对应的执行人员等都列在其中，这样的标准化进度管理能够在社群发售过程中协调统一。

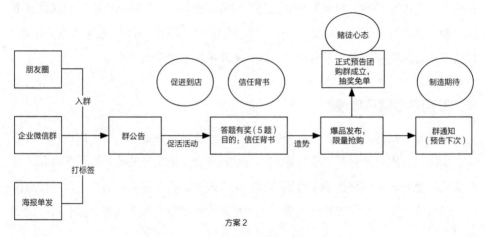

图 7-3 社群发售活动框架

表 7-2 社群到店 + 线上成交案例的项目流程

操作内容	具体内容	执行人员	开始时间	完成时间	完成进度
活动执行人员统筹					
活动奖品设计	确定所有奖品,并设计奖品的图片、标价				完成
朋友圈预热人设	撰写 18 日晚上、20 日晚上发圈文案				完成
海报设计	设计 1 张预热海报、1 张发圈活动海报、30 个门店的店内活动海报、秒杀产品海报				未完成

续表

操作内容	具体内容	执行人员	开始时间	完成时间	完成进度
文案撰写	撰写海报文案及发圈文案				完成
制作群二维码	制作30个店长的二维码，30个店名称，统筹6个操盘号，建立60个门店群，生成群二维码发给团长				未完成
流程设计	确定操盘手SOP和执行节点				完成
话术设计	设计操盘手话术				完成
"水军"话术	设计"水军"话术				完成
执行监督	提供团长培训操作手册、团长"水军"话术，活跃节点，做简单的话术培训				未完成
工具设定	处理秒杀流量问题，核销对接等				未完成
操盘手培训	培训SOP流程、操作方法、群控工具（统计、群公告）、操盘注意事项				未完成
企业群人数统计和宣发监督	企业群发布话术，明确客服号，拉用户进附近门店群				未完成
朋友圈发圈监督	要求团长发圈，监督发圈情况				未完成
操盘手操盘	操盘手按照流程操盘				未完成
"水军"配合	"水军"活跃群内气氛，处理危机话题				未完成
复盘总结					未完成

4. 完善成交流程细节

做完规划后，就需要认真地研究如何细化框架，比如用户在哪儿看到的消息，是朋友圈、海报，还是用户群、APP，这些都需要细化测算和注明。如果是朋友圈、海报，那么朋友圈内容设计、海报设计都需要仔细制作。

用户进群以后，从看到群名、第一条欢迎语、社群文案，到破冰、建立信任关系、参与活动、"水军"带路，每个环节都需要细化到时间节点、具体话术，而且需要有相应的负责人，以及截止时间。

5. 把握用户成交心理

成交环节需要考虑如何把握用户的成交心理，常见的用户成交心理如下。

（1）损失厌恶心理

损失厌恶指的是在同等数量的收益和损失中，更容易选择收益，而讨厌损失。比如在活动中，品牌方先给用户一个大红包，但需要分享给 x 个人才可以提现。这就像先给用户钱，再告诉他满足条件后才能拿到，此时用户会默认这个红包是他的收益，不能损失，进而产生分享行为。

某红包转化活动流程如下所示。

第 1 步，打开小程序，即可获得 10 元红包；

第 2 步，自己下单，即可获得 10 元红包；

第 3 步，分享并邀请好友下单，又可获得 10 元红包；

第 4 步，首次红包，满 30 元可提现；

第 5 步，再次邀请好友下单，又可获得 10 元红包。

（2）价格锚点心理

价格锚点指的是产品价格的对比标杆，让用户感受到产品的高价值，购买时却能享受低价格。比如某个售价 1999 元的扫地机器人，现价只要 199 元；售价 299 元的课程，现在只要 9.9 元。

当掌握了用户心理，社群成交就变得简单了。

（3）其他成交心理

目前常用的社群成交方法还有群接龙成交、限量发售成交，利用了增加用户紧急迫切的心理；拼团成交利用了利他的心理。

6.做好成交收尾工作

用户购买产品后，有疑问时一定要记得私聊，甚至可以打电话给用户，做好收尾工作。做好成交收尾工作是增加用户满意度和减少用户售后的必要环节。

一般在发售成交环节以后，有些用户还在犹豫，销售人员需要马上进行促单和追单，通过加赠、抽奖、限量抢购等方式来激活用户转化成交。

如果是做到店的活动，那么到店以后做转化升单是非常重要的，需要门店的销售员配合；如果是做线上成交的活动，那么产品交付、物流信息推送、用户售后体验等，都是发售后需要重点关注的。

第 8 章
私域流量的裂变增长

本章主要知识点

◇ **裂变增长**：是日常社群运营中常用的一种策略，能够降低获客成本，同时由于圈层、口碑效应的影响，可以实现低成本、高转化的效果。

◇ **裂变增长的载体**：公众号、微信群、H5、小程序、个人号等。

◇ **常见的裂变增长方法**：转介绍、拼团、砍价和助力、邀请有礼、任务宝裂变等。

本章将介绍什么是裂变增长、裂变增长的方法，并拆解不同的案例，让大家能够快速了解做社群裂变增长的操作方法。

8.1　什么是裂变增长

裂变增长是日常社群运营中常用的一种策略，能够降低获客成本，同时由于圈层、口碑效应的影响，可以实现低成本、高转化的效果。

8.1.1　裂变增长的理论基础

裂变就是用户自动分享，就好像建立了一个自动的管道，能够实现老带新，甚至吸引第二、三、四级的用户。很多在线教育公司会有一个专门的岗位即用户增长岗位，就是利用公司现有的用户和资源，全方位地实现用户的增长，节约公司的流量成本。

拼团、买一赠一、助力、砍价、邀请有礼、抽奖、分销、任务宝等，都可以带来用户的裂变增长，其核心是利用心理学和营销学的原理，让用户自发分享、介绍新的用户。

裂变分为主要的3个层级：在官方公众号、抖音、微博、微信、朋友圈等进行一级裂变；由员工、老用户、KOL、亲朋好友进行转发，形成二级圈层效应；再到第三级，也就是二级以外的其他用户，如图8-1所示，有时甚至有更多的裂变层级。这种裂变一般在三级以后，就会形成波纹效应，延续并产生更多级。

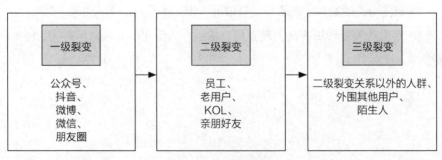

图8-1　用户裂变层级

策划裂变增长活动前需要了解一个基础模型和几个心理学知识。

1. AARRR 模型

AARRR 即 Acquisition（用户获取）、Activation（用户激活）、Retention（用户留存）、Revenue（获得收益）、Referral（推荐传播）。这个模型目前应用得非常多，是社群运营人员必须掌握的操作模型之一。从引流、促活、留存、转化到裂变，与前文所讲的社群运营体系很吻合。

AARRR 模型之所以重要，是因为按照这个模型搭建的社群运营体系非常有效果。

2. 从众效应

从众效应是一个非常基础的心理学效应，应用较多的场景就是群接龙、批量团购，以及话题促进活跃等。用户看到其他人购买，自己也会购买。比如在进行社群成交的时候，有些操盘手会要求用户把订单截图发到群里，并且发红包表示感谢。这种场景会激励更多的人进行购买并晒单。当客户把订单截图都晒在群里时，社群成交金额会明显提升，这就是从众效应所起的作用。

3. 稀缺心态

稀缺心态指的是通过限制产品数量而带来的抢购心态。物以稀为贵，因此做活动时可以限量、限时。在一场活动中，如果按照每个小时推 3 个秒杀品的逻辑进行，那么这一天的销售额就会特别高，具体原因就是产品数量有限，用户会有抢到就是赚到的心态，所以会积极下单。而没有买到的用户会因为觉得遗憾而在下一次活动中继续进行购买。这种心理在秒杀、限量抢购时的效果非常明显。

需要注意的是，预估产品数量时要尽量精准。既要考虑现有用户的购买数量，也要考虑大多数人没有买到容易产生的负面效应。

4. 赌徒心态

赌徒心态常用于抽奖、砸金蛋等活动，而且通常会采用购买后抽奖、集中抽奖等方式给用户赠送福利。利用这种赌徒心态，可以让用户积极下单，并在社群内保持活跃，这里的裂变速度和效果也是比较好的。

当然，裂变活动自然少不了裂变海报，可以说海报是活动的灵魂。那么，一个好的裂变海报该如何设计呢？

◎ ××邀请，信任背书。比如你的好友××邀请你参加，××赠送给你，××等100人已参与。

◎ 活动主标题+副标题。主标题一般不超过10个字，可以放反问句、痛点关键词、用户诱因数据等吸引人眼球的内容。例如，"×个产品免费送！""你有多久没有看过一本书了？"。副标题稍微解释主标题即可。

◎ 产品照片或大纲。这些主要介绍产品能解决什么样的问题，能给用户带来什么好处等。

◎ 获取奖品的方法。明确用什么样的方式获得海报上的奖品，比如扫码下单，或者邀请3位好友可0元解锁。

◎ 促单方式。以福利干货、限时特价等方式促单，主要写明时间、价格、名额、赠品等，以刺激用户下单。

◎ 二维码设置。二维码是参加活动的引导，一般活动会放活码，即可变动的二维码。

8.1.2 裂变增长的重要性

私域裂变通常是基于社交圈进行分享的，通过一次或者多次传播，达到用户增长及销量增长的目的。

裂变可以说是互联网行业快速发展的产物。在快节奏的时代，大家很少有时间认真看完整个广告，也没过多时间认真了解一个品牌。在这种情形下，商家就需要在短时间内抢占用户的注意力，占据用户的心智，从而实现成交。

有很多门店、商家都是在店里等用户上门，等流量来找自己，其实这是一种不可取的方法。如果要实现裂变增长，就要主动出击、不断获客。

例如，一个水果门店的地段不错，依靠附近的用户量一个月能收入30多万元，但是后来因为门口附近修地铁，用户逐渐减少，生意也随之减少。老板急切地想做用户增长，便向笔者咨询。笔者为其做了一套引流裂变的方案，即通过主动找用户的方式进行用户转介绍、用户自发分享、用户引流其他用户到店消费，并将原有的用户激活，同时结合线上引流的方式引来更多的用户，然后通过社群运营进行用户消费提醒、组织用户团购活动。最终，该水果门店的销售额比之前更高了。

策划裂变活动时，需要先找到种子用户，而种子用户的挖掘需要策划前期就开始筹备。裂变中需要找到精准的产品用户画像，根据用户画像选择产品，再根据选择的产品筛选裂变增长活动中优质的潜在 KOL、种子用户。

如何寻找所需要的种子用户呢？一般情况下，种子用户主要可以从以下几个标准来衡量。

①拥有一定的认知，即对商家的产品或者品牌有一定的理解。

②是精准的产品需求用户。如果用户经常购买产品或者服务，同时符合产品的用户画像，即可判断其是精准的产品需求用户。

③有较强的影响力。影响力可以通过各种方式来筛选，如好友人数、行业影响力、公众影响力等。

8.1.3 裂变增长的载体

裂变是一种很好的增长流量的方式，具有显著增加收益的作用。在微信生态里，支持裂变的载体有公众号、微信群、H5、小程序、个人号等。

1. 公众号裂变

公众号裂变的流程如图 8-2 所示。

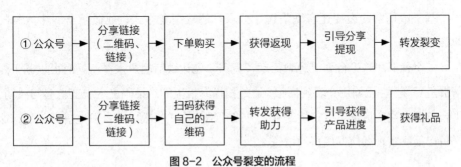

图 8-2　公众号裂变的流程

公众号的裂变方式多样化，以上两个流程较为常见，分享裂变的工具一般是裂变海报或者任务宝。用户扫码关注公众号后，弹出消息告知用户如何参与活动，关注公众号的人数达到指定人数或助力达到指定要求后，用户即可获得佣金提现或者产品。

实体店、品牌商、企业主、互联网教育机构等都可以应用公众号裂变方式。知识付费、拓客裂变、关注公众号、促进品牌宣传等都有相应的案例可以分析。

例如，一个饮品店在做活动，先利用老用户邀请新用户即可获赠买一送一礼券的方式，让老用户带动新用户消费。新用户进店以后，马上可以参加充值100元送100元的活动，前提是要扫码购买。用户充值以后，会直接关注公众号，随后公众号会通知会员参与活动。同时服务号会开展新活动促销：用户只要邀请10人关注服务号，即可获赠一杯到店领取的奶茶。这便是一套很好的裂变活动，不管用户处在什么样的状态，都可以自发地进行裂变，饮品店便可以实现销售增长。

公众号裂变的优点是裂变效率非常高，如果公众号原有粉丝体量不错，那么裂变效果会更佳。活动过程中搭配使用适合的工具自动化裂变，会降低操作难度和人工成本，拉新过程中的最终获客成本也会非常低，同时任务动态可以及时传递给用户，非常高效。

公众号裂变的缺点是体量过大的公众号一定要设置防封机制，也就是需要有多个公众号来进行分流，以防因页面访问量太大而导致公众号被投诉或者封禁。

2. 微信群裂变

微信群裂变的流程如图8-3所示。

基于微信群的裂变还有微信群+公众号的双裂变方式，或微信群+个人号的双裂变方式。

一个社群团购平台如果想做活动，就需要先让微信用户入群，这时可以基于微信群进行裂变。比如用户看到海报，通过扫描海报上的二维码进入裂变群参与活动，平台方通过裂变话术，以转发送礼、升级礼物等方式刺激用户自发地进行分享，这样可以最终实现微信群用户的增长。

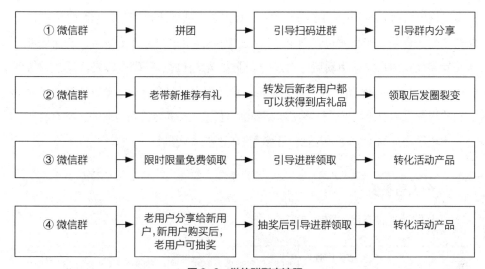

图 8-3　微信群裂变流程

3. H5 裂变和小程序裂变

H5 裂变的流程如图 8-4 所示。

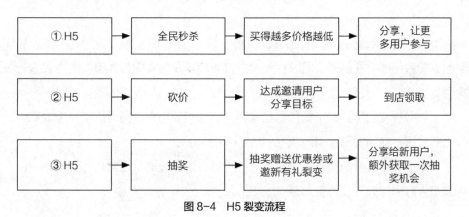

图 8-4　H5 裂变流程

H5 的裂变活动通常出现在各种游戏中，如种树浇水、抽奖、砍价等，更倾向于以活动内容和主题刺激用户自发裂变。比如利用 H5 页面进行裂变活动，通过分享转化可额外获赠礼物或者邀请奖金等方式，让用户自发地转化，这样可以更高效地实现转化，提升品牌的知名度。

例如，某企业想提升"618"大促时的品牌影响力和宣传力，希望采用裂变的方式进行活动营销，出于兼顾品宣和裂变的考虑，采用了 H5 页面活动。H5 页面显示为全民砍价活动，用户进入 H5 分享页面，可以参加砍价活动，成功邀请 50 人砍价，即可免费获得某款产品并包邮到家。活动过程中，用户通过宣传海报、公众号进行第一轮裂变；用户参与活动后，自发地在朋友圈、社群、私聊中转发活动，邀请更多用户进入 H5 页面砍价，通过砍价，第二层级的用户也会参与活动，这样便扩大了活动的影响力和裂变效果，最终实现品牌的宣传及 H5 页面裂变活动的影响力。

小程序裂变与 H5 裂变类似，可参考 H5 裂变方式进行。

4. 个人号裂变

个人号裂变的流程如图 8-5 所示。

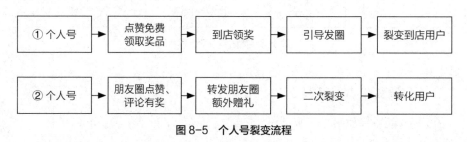

图 8-5　个人号裂变流程

个人号分享裂变的方式有加好友获得 ×× 礼品、朋友圈点赞送礼、用户凭朋友圈点赞截图领取礼品等，同时在兑奖时可采用转发朋友圈额外赠礼的方式进行二次裂变。

个人号裂变的优点在于信任感比较强，容易引导用户，同时后期可采取私聊、评论朋友圈、在朋友圈 @ 用户等方式反复触达用户。

长期运营个人号的朋友圈是非常有必要的，这样能够增强信任感和打造人设。注意个人号添加好友及群发都是有上限的。

8.2　裂变增长的方法

常见的裂变增长方法有转介绍、拼团、砍价和助力、邀请有礼、任务宝裂变等，不同的裂变增长方法有不同的操作方式。

8.2.1 转介绍

转介绍是通过分享获取佣金的方式来进行裂变的。通常会设置一个佣金提现的门槛，同时会在用户购买后提醒用户分享可得佣金，促使用户自发地进行分享裂变，让更多用户购买活动中提及的产品，从而实现获客。图 8-6 所示为转介绍裂变的流程。

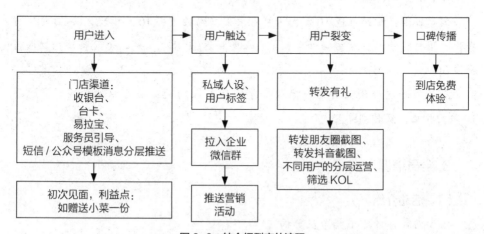

图 8-6　转介绍裂变的流程

下面分享一个家装行业的直播 + 私域转介绍的活动策划案例。

1. 确定直播节活动套餐

成交价：68 元。

套餐明细（价格为 68 元）。

（1）价值 ×× 元的锅具一套。

（2）家居全案设计（1 对 1 专属设计，48 小时出方案，价值 3000 元）。

（3）680 元直抵券（满 10000 元即可使用）。

（4）案例资料。

（5）套餐购买后两个月内使用，过期无效，提前预约。

2. 确定裂变机制

裂变可以采用红包分销模式。

成交价格：68元。

初始红包：10元。

首单返现：10元。

分享给一位好友购买获得奖励金：10元。

首次提现门槛：30元。

非首次提现门槛：10元。

裂变规则：初始红包10元，用户首次下单购买可得10元返现，共20元不可提现。用户将活动分享给额外1人（每人购买返10元），满足30元提现门槛即可提现30元。

满足第一次提现条件后，后续分享给任意人购买，都可以享受购买即返现10元的收益，实时到账。

3. 全员培训

（1）活动介绍

活动内容：××直播节庆典福利！

分享套餐福利秒杀活动！

活动形式：小程序，转发、购买即可获赠现金收益。

通过线上裂变方式拓客并引流到店，体验后升单项目：家居定制。

成交套餐价格：68元。

◎ 价值××元的锅具一套。

◎ 家居全案设计（1对1专属设计，48小时出方案，价值3000元）。

◎ 680元直抵券（满10000元即可使用）。

◎ 案例资料。

◎ 套餐购买后两个月内使用，过期无效，提前预约。

（2）活动流程

打开小程序可获得10元红包，自己下单可获得10元红包返现；邀请1人下单获得10元，邀请2人下单获得20元，上不封顶。

首次红包满30元可提现，再次分享好友下单可获得10元奖励，可实时提现。红包提现周期为1个月，过期作废。

(3) 员工奖励

活动同等奖励+额外奖励,奖励丰厚,员工参与度高,效果自然会更好。

4. 活动准备

活动开始之前,先盘点种子用户。常见的种子用户有以下几种类型。

- ◎ A类:有过转介绍的用户。
- ◎ B类:平时关系不错的用户。
- ◎ C类:消费频率较高的用户。
- ◎ D类:一般用户。
- ◎ E类:精准的待转化用户。
- ◎ F类:相关社群群主、微商等掌握目标用户的人。
- ◎ G类:亲戚、同学、同事、邻居等。

重点沟通A类、B类、E类、F类。房产中介、物业群、资源方、自媒体等也都属于重点用户资源。

5. 活动发布

(1) 一对一私聊

塑造引流商品价值,体现超值的活动优惠力度。

分享红包大派送玩法,告知对方分享裂变、赚红包、提现。

提前写好沟通话术,并在沟通中根据客户反馈情况不断调整话术。

【话术示范1】

根据老用户的情况,聊一下近况,然后引出活动内容。

我们最近××直播节要开始了,有一个福利回馈活动,68元的活动套餐,套餐里有××,直接下单就可以买了。

活动开始的时间为:××。

这次活动下单就得现金红包哦,邀请好友下单还有额外红包呢。

怎么领?

打开链接会弹出红包页面,直接点击领取即可。

怎么邀请别人?

点击购买页面右上角的分享,将活动分享给好友,好友先领取红包,然后购买即可。

注：所有话术仅供参考，可自行根据私聊情况灵活调整，以专业性、可信度为主，体现活动的高吸引力。

【话术示范2】

最近我们的直播节要开始啦！这次的68元套餐超级划算，里面有××，直接下单购买就可以了。

买完可以将活动分享给身边的朋友哦，只要有1位好友购买，你就可以获得10元的现金返利啦！直接发圈，或者按照我这个文案＋你生成的海报发圈都可以噢！

发圈文案参考如下。

××直播节庆典福利！68元套餐专享价值××元的锅具一套；家居全案1对1专属设计，价值3000元；680元直抵券（满10000元即可使用），直接下方扫码购买吧！

（2）朋友圈"剧本"

朋友圈"剧本"如表8-1所示。

表8-1 朋友圈"剧本"

角色	时间	活动阶段	朋友圈文案	配套素材
商家	8：00—9：30	活动前预热（第1天）	××直播节庆典福利！68元套餐专享价值××元的锅具一套；家居全案1对1专属设计，价值3000元；680元直抵券（满10000元即可使用），直接下方扫码购买吧！	（1）活动单品简介图 （2）"种草"类视频介绍 （3）活动大致内容 （4）奖品展示 （5）活动倒计时海报
	11：00—13：00		活动物料已经到位～都在店里等着大家来拿啦～（＋产品小视频）	
	17：30—19：00		这个商品你喜欢吗？68元套餐专享，买了拿回家！××直播节庆典福利！活动快开始了！我在等你，快来扫码购买吧！	
	20：30—22：30		××直播节庆典活动进行中，已经有×个用户购买啦！提现最多的超过100元了！真厉害！	

续表

角色	时间	活动阶段	朋友圈文案	配套素材
商家	8:00—9:30	活动启动（第2天）	提现了提现了~这个顾客已经提现了噢！大品牌值得信赖！68元套餐专享，分享还有现金返利，这个活动你参加了吗？朋友圈回复1，我私聊你参加活动的方式。（+引流商品海报图）	（1）引流商品海报（2）实物图片（3）提现截图/提现视频（4）客户到店领取礼品照片（给领取礼品的客户拍照，记得体现礼品）（5）老客户转介绍聊天记录截图
	11:00—13:00		××感谢顾客介绍××来参加活动，68元套餐专享已经销售了××份，限量100份，要参加活动的抓紧时间了！	
	17:30—19:00		××是不是颜值很赞？××直播节庆典福利卡，买就送！分享还有佣金赚！	
	20:30—22:30		已经有顾客到店领取礼品啦！感谢这位大哥配合我们领取~68元套餐专享还在发售中！需要的赶紧CALL我噢！	
	8:00—9:30	活动推广（第3天）	活动进行中，××好看吗？还剩×个，68元即可获得价值××元的锅具一套；家居全案1对1专属设计，价值3000元；680元直抵券（满10000元即可使用），这么低的价格全年就这一次！赶紧扫码购买吧！	（1）引流商品海报（2）实物图片（3）提现截图/提现视频（4）客户到店领取礼品照片（给领取礼品的客户拍照，记得体现礼品）（5）客户见证记录截图
	11:00—13:00		××已经提现了××元了！分享佣金实时到账，你还在等什么？赶紧来买吧！分享活动还可以获得额外奖励噢！	
	17:30—19:00		××已经领到礼品，开始在店里进行家居设计咨询了，68元套餐专享疯抢中，还不赶快安排？！	
	20:30—22:30		今天忙了一天，68元套餐专享销售已经快结束啦！价值××元的锅具一套；家居全案1对1专属设计，价值3000元；680元直抵券（满10000元即可使用），赶紧带回家！	

续表

角色	时间	活动阶段	朋友圈文案	配套素材
商家	活动结束的次日发送	活动结束（第4天）	活动马上就要结束啦！已经有很多顾客到店来领取礼品了！××直播节庆典福利最后发售1天，还有需要的赶紧下单了！68元套餐专享价值××元的锅具一套；家居全案1对1专属设计，价值3000元；680元直抵券（满10000元即可使用），分享还有佣金实时到账，快来购买吧！	（1）引流商品海报 （2）实物图片 （3）提现截图/提现视频 （4）客户到店领取礼品照片（给领取礼品的客户拍照，记得体现礼品） （5）客户见证记录截图
用户	到店领取	领取时发送（活动期间）	我正在参加直播节庆典福利活动，68元领取价值××元的锅具一套；家居全案1对1专属设计（价值3000元）；680元直抵券（满10000元即可使用），扫海报二维码跟我一起参加活动吧！ 我领到××直播节庆典福利！68元领取价值××元的锅具一套；家居全案1对1专属设计，价值3000元；680元直抵券（满10000元即可使用），已经提现××元，活动真实，赶紧来参加吧！	（1）一张活动海报链接 （2）一张和礼品的合影 （3）一张门头照片 （4）一张购买截图 （5）一张红包金额截图 （6）一张提现截图 （7）一张提现到账截图 （8）一张项目体验图片 （9）一张店内环境照片或与店员的合影

（3）线下流量

①已有用户。

②未成交的意向用户。

③合作物业资源。

④微信地推用户。

（4）短信引流

【引导加微信话术】

【××直播节庆典福利巨惠！】超值福利大派送啦~

特邀您参加直播节活动，购买68元套餐专享即可获得价值××元的锅具一套，家居全案1对1专属设计（价值3000元），680元直抵券（满10000元即可使用）。

好礼任性拿，扫码参加活动马上可以领取微信红包，还有超多福利等着您，欲知详情请加微信：××，数量有限，先到先得哦。

6. 到店裂变

（1）公众号引流咨询裂变

看到朋友圈或者公众号发布的活动信息后，有意向的客户就会私聊活动情况，这时可以做一对一私聊转化、裂变。

参考话术：××，您好，我是××的××，最近有红包福利活动，超值的68元套餐，我给您介绍一下？

（2）客户下单后裂变

客户下单后，及时添加微信，引导裂变。

参考话术如下。

【话术1】可参考前面的一对一私聊话术。

【话术2】您好，我是××，我们××直播节庆典福利看到您买了68元的套餐，不知道方不方便加个微信，咱们预约一下到店领取的时间。

【话术3】您好，我看您买了68元的套餐，包括价值××元的锅具一套，家居全案1对1专属设计（价值3000元），680元直抵券（满10000元即可使用）。将这个套餐分享出去，还可以实时提现，诚邀您参与我们的直播福利活动！

（3）客户到店后核销裂变

客户到店后，现场指导如何提现，现场裂变。

参考话术：这次我们的直播福利活动您参加了吗？力度非常大，还能拿现金红包。

方不方便我教您如何操作？

我这里有朋友圈素材，您只要发个朋友圈就可以了。因为这次活动力度非常大，轻轻松松就会有好几个朋友购买。

店内有购买二维码，客户到店后，店员通过APP后台扫码核销。

（4）客户离店前裂变

现场拍照、给文字素材，引导客户发朋友圈，帮门店宣传裂变。

参考话术：对了，方便给您拍一张在店里的合影吗？请帮忙发个朋友圈，宣传一下，您有需要的朋友购买后，您也有红包拿，可以吗？

8.2.2 拼团

拼团最开始是因为团购可以有批发价格，所以有的消费者会自发组织团购活动，延伸到私域营销，则出现了使用拼团的方法进行用户裂变。

拼团的基本操作流程为：用户开启团购→用户进行分享→达到团购数量→拼团成功。

拼团活动的典型代表就是拼多多。拼多多的主要用户是下沉市场的低消费人群，直接使用砍价免费领或者助力返现等活动对他们具有很强的吸引力。当用户看到宣传页面的"砍价免费领"字样后，一般会抱着占便宜的心态点进去看具体内容。当用户发现真的可以通过砍价的方式获得礼品或者现金的时候，就会采取行动，不停地邀请微信好友帮忙砍价。在这个过程中，用户每分享一次都是一次传播的过程。最后用户将商品成功砍价到 0 元的时候或者能拿到现金了，就会觉得非常愉悦，那么下次活动还会继续参加。在整个传播的过程中，拼多多还会给用户发放一些优惠券，看到有优惠券和很便宜的商品时，用户就会想买一些，不知不觉间就会下很多单，这是对用户非常具有吸引力的裂变方法。

拼团向用户传递的信号是，一起拼单会更实惠，大家可以一起获利，利己又利他。而拼团所选择的一般是价格优势比较大的产品。

拼团社群经常会使用拼团工具或者群接龙工具，目前也有快团团等工具可以实现一键开团分享功能。拼团方式有很多，具体如下所示。

（1）普通拼团模式，如原价 99 元的组合套，3 人团购 29 元。

（2）阶梯式拼团，如原价 99 元的组合套，3 人团购 29 元；5 人团购 19 元。

（3）团长免单式拼团，如原价 99 元的组合套，3 人团购 29 元，团长免单。

（4）团长以获得佣金的形式拼团，如原价 99 元的组合套，3 人团购 29 元，拼团成功后团长额外返佣金 20 元。

不管是哪一种拼团方式，最终都是为了让用户自发分享，裂变更多用户进行购买，从而达到增加用户量和销售额的目标。不同的拼团方式应用的场景也会有所区别，阶梯式拼团的效果相对更好。

参与拼团的可能是服务、课程或实物产品，所以拼团时需要针对不同的拼团方式进行测试，选择其中较好的方式进行用户的裂变分享。

对于拼团裂变来说，用户因为利益进行分享的情况比较多，但实际上需要尽量做到互惠，这样用户才更容易接受。比如 A 拼团购买某个产品，分享给 B 购买，B 拼团成功以后 A 和 B 还能享受额外的优惠或者产品。

8.2.3 砍价和助力

因利益驱动而转发的应用场景比较多，经常可以在各大 APP 和微信中看到，如 0 元领、0 元拼等活动，而且这些活动的入口一般不显示获取条件。但最终还是会以高价值的产品让用户产生动力去转发和裂变分享。

砍价和助力活动要想做好，需要满足以下两点。

1. 有吸引力

砍价和助力的奖励要有足够的吸引力，设置砍价和助力的人数也要与之匹配。如果是一个价值 9.9 元的削笔刀，却需要 100 个人来砍价，那么活动肯定没有吸引力。此外，砍价画面的设计、内容的排版、引导分享的标题要足够吸引人。

2. 互惠互利

活动要互惠互利，如果没有双方互惠，用户就会感觉是在消耗自己的社交关系，从而难以进行分享。比如一个砍价活动，发起砍价的用户可以选择某款产品进行砍价，每一个被邀请砍价的用户点击即可协助砍价一次，通过限定的时间、限定数量的砍价用户，即可免费拿到所选产品。如果未完成，则砍价失败。

砍价活动适合教育公司裂变，也适合获取用户的线索进行互动。很多砍价免费拿礼品的活动实际上是为了增加注册用户而进行的。在 APP 用户注册成本越来越高的情况下，砍价、助力活动就成了提升新用户注册量相对实用的方法。

8.2.4 邀请有礼

邀请有礼是社群裂变增长中使用频率较高的一种方法。

◎ **优势**：具有简单、直接、方便操作等优势，邀请裂变速度快，效果好。产品和行业不同,邀请有礼活动会有不同的裂变增长率,但普遍高于其他社群裂变增长方式。选择的奖励越精准,获得类似用户的关注和参与就越多。比如赠送宝妈需要的线上早教课程,参与的用户会以宝妈群体为主。

◎ **劣势**:用户因为利益邀请的好友精准度较低,社群活动中容易出现广告或者刷屏等行为。一旦出现用户差评,则容易导致活动效果受到不良影响。进群门槛较低,因此会导致后期社群活动难以长期运营,这类社群比较适合做快闪群(即活动期为3~7天,临时建群,成交后解散社群)和活动发布群。同时,由于短期内活动时间比较多,因此需要注意微信号的风险问题,比如因频繁发内容而被封号。某门店社群邀请有礼活动流程如图8-7所示。

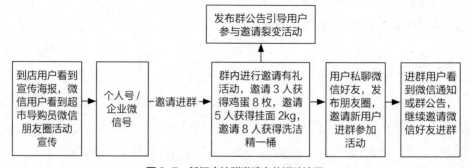

图8-7 某门店社群邀请有礼活动流程

进群邀请话术参考如下。

欢迎亲爱的同学们进群~××福利活动开始啦!

邀请5位同学入群,将免费获得价值×元的产品一份。

邀请10位同学入群,将免费获得价值×元的产品一份。

活动截止时间:2022年×月×日晚7点。

数量有限,限前20名完成者截图找我领取!

赶快邀请身边的朋友进群参加活动吧!

8.2.5 任务宝裂变

任务宝是目前常用的裂变方式,这种方式指的是用户通过完成某些任务要求(如拉群、邀请人关注、分享朋友圈等)获取活动方提供的免费或极具性价比的礼品。图8-8所示为任务宝的裂变流程。

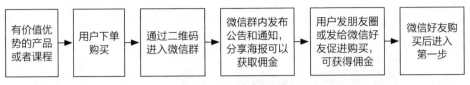

图8-8 任务宝裂变流程

任务宝活动一般以免费领取某样产品或课程作为海报，用户会根据提出的条件采取相应的行为，如加群、拉好友关注等，然后根据任务的完成度获得相应的产品奖励。

任务宝活动目前可以使用公众号、个人微信、企业微信、微信群等进行运营，是常用的裂变方法之一。

图8-9所示为任务宝裂变的流程，可通过打卡、签到、积分奖励等方式完成用户裂变。

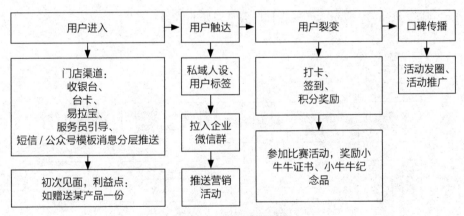

图8-9 任务宝裂变流程

在以任务宝活动实现用户裂变的过程中需要注意以下事项。

（1）规划好用户进入的海报及体现"诱饵"产品的价值。

（2）体验并分析用户路径，保证用户进入和完成任务的路径最短且方便、有效。

（3）裂变活动真实有效，兑奖方式简单直接，并且交付后要收集用户反馈。

裂变活动的目的不同裂变方案也会不同，同时需要限制名额或者时间，以保证活动数据可控。

在做裂变活动时，经常会出现多种裂变方式一起使用的情况。

8.3 裂变增长的案例

本节讲解了两个裂变活动案例，读者可以从中学习裂变增长的实操方法。

8.3.1 任务宝裂变案例

案例拆解：元气森林的私域任务宝裂变。

裂变路径：从公众号、朋友圈等进入——经海报扫码助力后，引导用户加服务号，服务号推送话术和内容，用户添加客服并生成自己的海报，通过助力吸引第二批裂变用户，领取助力礼品。客服同时推送助力消息，活动结束后邀请用户进入粉丝福利群。图8-10所示为元气森林任务宝裂变的流程。

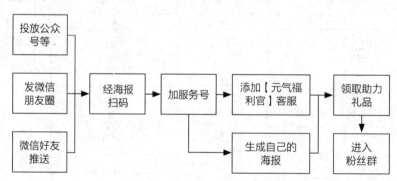

图8-10　元气森林任务宝裂变流程

拆解详情

◎ 利用"100箱迷你气泡水，0元免费喝"的标题吸引用户；引导用户扫码后，弹出关注服务号信息；关注后推送活动消息，要求用户扫码添加企业微信福利官为好友；福利官推送裂变话术，2个好友助力即可获得元气福利社群的入场券，35位好友助力即可免费获得6罐限定版迷你装气泡水，助力榜的TOP10还可以额外获得限量版乳茶妹妹毛绒包。

海报虽然比较吸引人，但是助力要求的门槛太高。从2人到35人的阶梯助力，中间没有承接，同时，TOP10 才送一个毛绒包，虽然是限量版，但是吸引用户冲榜的动力较小。整体考量后，本次活动的运营成本应该比较有限，因为快销品的利润本来就不是很高。做活动的时候，利用有限的经费做好一次私域裂变+引流活动的方法非常重要。

◎ 引导用户关注公众号和添加福利官以后，福利官推送相同的裂变话术，如图 8-11 所示。

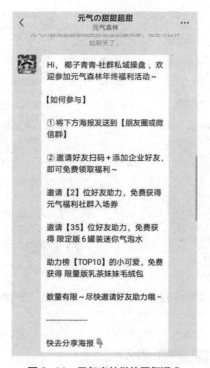

图 8-11　元气森林微信回复话术

◎ 活动结束后，引导用户进入粉丝群。图 8-12 所示为元气森林活动图片。元气森林 IP 人设很可爱，是一个卡通头像，而且引导话术文案清晰，福利多，给用户很大的期待感，用户自然愿意加入福利群。红色的海报能够吸引用户的眼球，0 元领后承接的福利群非常到位。

◎ 用户最后进入福利群。在福利群推送会员制社群福利。图 8-13 所示为元气森林社群推送的活动。此次活动福利群引导人数没有达到预期效果，复盘裂变活动，其中存在的问题有获客成本没有计算清楚、裂变选品不当、动力不足。

企业微信群目前不具备个人朋友圈的功能，这导致很多时候不方便和用户进行互动，也不方便打造人设。在很多做私域社群的环节里，打造适合的人设更容易吸引用户成交。

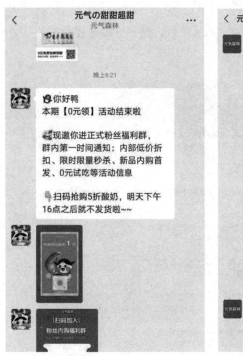

图8-12 元气森林活动图片

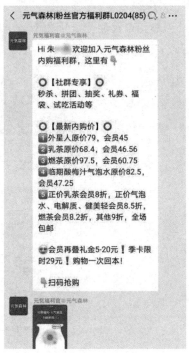

图8-13 元气森林社群推送的活动

8.3.2 邀请有礼裂变案例

邀请有礼的活动是通过邀请好友进行分享或者进群参与活动来获得某些产品或者奖励。邀请有礼活动应用在绘本抖音转私域项目的案例如下。

1. 第一天日常话术

7月26日上午9点，（机器人）进群邀请话术（每5个人进群后发布一次）。

欢迎亲爱的姐妹们进群参加会员福利节！

邀请5位宝妈入群，将免费获得价值×元绘本1册。

邀请10位宝妈入群，将免费获得价值×元绘本5册。

活动截止时间：2022年7月27日晚上7点。

数量有限，限前50名完成者截图找我领取！

27日晚上8点开始红包游戏，公布惊喜福利。

赶快邀请身边的宝妈们进群参加活动吧！

"水军"回复。

A：怎么邀请？

B：只要是我们身边的朋友就可以吧？

C：怎么领呀？

7月26日晚上8点："水军"发见证和用户好评截图。

群主：发1个总额3元，共计40个的红包，红包封面文字：感谢大家。

话术：邀请有礼活动还在进行中，赶紧邀请起来吧！

2. 第二天日常话术

7月27日上午9点。

欢迎亲爱的姐妹们进群参加会员福利节！

邀请5位宝妈入群，将免费获得价值×元绘本1册。

邀请10位宝妈入群，将免费获得价值×元绘本5册。

活动截止时间：2022年7月27日晚上7点。

数量有限，限前50名完成者截图找我领取！

27日晚上8点开始红包游戏，公布惊喜福利。

7月27日下午3点：群内话题+"水军"活跃气氛。

怎么领取绘本，活动是什么。

（"种草"话题包括绘本、育儿。）

7月27日下午6点，发群公告。

再来通知一波，邀请有礼活动今晚7点截止，还有一点儿时间，截止后根据晚上7点统计的【有效在群邀请的名单】来找我兑奖哦！邀请有礼活动还在继续，可以直接参加活动！

7月27日晚上7点，发群公告。

邀请有礼活动结束了！以上是活动的邀请统计数据截图！最终统计的是晚上7点在群的有效邀请哦！名单公布！来领奖品啦！

发红包，发群公告。

今晚8点，我们继续嗨起来，福利秒杀不停，参与的回复：今晚8点抢福利！

7月27日晚上8点，群公告。

惊喜购开始啦！

红包封面文字：你们准备好了吗？

红包封面文字：我们

红包封面文字：要

红包封面文字：开始

红包封面文字：啦

首先，感谢大家支持我们这次举办的会员福利活动，活动结束后解散本群，期待我们活动的回复1！

活动之前我先说几句。很多新朋友和老朋友相聚，老朋友都知道，这次活动又来给大家送福利了！感谢大家对这次活动的关注，福利一定给到！

介绍"我"是谁，"我"要做什么。

首先来个红包手气最佳热热身。我发的下一个红包，手气最佳者来领一套盲盒绘本呀！想要的回复一个你最喜欢的表情吧！

好了好了，红包来啦！快来看看谁领到了吧！

红包（手气最佳有礼）。

恭喜！@×× 获得礼品！希望好运会传递呀！

找 ×× 凭截图领取礼物哦！

这个红包游戏结束了，是不是大家还没玩够？

再邀请10位宝妈进群，我们立即开始下一轮福利活动！

哈哈，下面我们来秒杀专场了，这次的秒杀活动是为了发布我们的会员体系，所以会给会员最优惠的福利。全场限时今晚最低价，明天就要恢复原价了哦！

3、2、1，马上开始！（价格+产品+链接发布。）

价格真的太给力了，我们亏着卖一次，仅限今晚，明天直接恢复原价，要秒杀的趁今晚哦！一次性带走！

（秒杀拼手速+正常福利款。）

为了更快安排快递发货，购买后可以来群里接龙哦！（购买人进行群接龙。）

7月27日晚上9点，发群签到红包。

别忘了秒杀福利！（链接＋产品＋价格。）

"水军"晒单、晒见证、发好评。

为了更快安排快递发货，购买后可以来群里接龙哦！（购买人进行群接龙。）

7月27日晚上10点，推荐几款秒杀好物，限量限时结束。

还有××本！

今晚××福利节的活动到今晚11点就结束啦！还有1小时！加油！

群签到红包。

别忘了秒杀福利！（链接＋产品＋价格。）

"水军"晒单、晒见证、发好评。

为了更快安排快递发货，购买后可以来群里接龙哦！（购买人进行群接龙。）

7月27日晚上11点。

秒杀活动结束！感谢大家的参加！这次会员福利只是我们的开胃菜哦！明晚8点，我们还有一场秒杀活动！

接下来还要宣布一个重大事情！

大家期待已久的会员体系发布啦！

（介绍积分，介绍新人礼。）

本群会在活动结束后解散，如果要找到组织，可进入会员福利群享受更多优惠，请一定记得加我哦！关注我不迷路！

红包：加我领会员。

感恩，晚安啦各位美丽的宝妈！

3. 第三天日常话术

7月28日上午9点，群公告。

昨晚感谢大家的参与！邀请有礼活动兑奖请根据名单找我哦！今晚8点，我们继续秒杀起来！

而且，再给大家加赠一个福利，想不想要？

宝妈们如果把以下文案＋海报转发2个100人以上的群或分享到自己的朋友圈保留1个小时，即可付邮获得×元绘本一套哦！

（宝妈发圈文案）我已领取×绘本啦，送福利，转发2个100人以上的群或分享到自己的朋友圈保留1个小时后截图，可扫码领取福利，限量500份！

赶快邀请身边的宝妈们进群参加活动吧！

7月28日上午10点。

海报邀请活动还在继续！可以直接参加活动！

宝妈们如果把以下文案＋海报转发2个100人以上的群或分享到自己的朋友圈保留1个小时，即可付邮获得×元绘本一套哦！

（宝妈发圈文案）我已领取×绘本啦，送福利，转发2个100人以上的群或分享到自己的朋友圈保留1个小时后截图，可扫码领取福利，限量500份！

赶快邀请身边的宝妈们进群参加活动吧！

7月28日中午11点50分，群公告。

加场秒杀福利开始！

（发红包预告秒杀活动，并推送产品＋内容。）

特别"种草"×××，限量！

特别提醒，今天的秒杀专场将于晚上10点截止！如果还没有加我的请赶紧啦！关注我，不迷路！我邀请大家进会员VIP福利群。

7月28日下午4点。

海报邀请活动还在继续！可以直接参加活动！

宝妈们如果把以下文案＋海报转发2个100人以上的群或分享到自己的朋友圈保留1个小时，即可付邮获得×元绘本一套哦！

（宝妈发圈文案）我已领取×绘本啦，送福利，转发2个100人以上的群或分享到自己的朋友圈保留1个小时后截图，可扫码领取福利，限量500份！

赶快邀请身边的宝妈们进群参加活动吧！

7月28日晚上10点，秒杀专场截止。

第9章
私域运营数据复盘

本章主要知识点

◇ 数据复盘指标:流水体量、用户体量、订单体量、转化情况、核心用户情况等。

◇ 私域项目常用的系统及工具:私域运营系统、私域分销系统、数据中台系统、进销存系统、内容营销工具、精准营销工具等。

◇ 私域项目数据复盘方法:确定数据目标、收集运营数据、建立关键运营数据库、分析与应用数据、写数据复盘总结。

关于复盘，一家著名互联网公司的老板曾这样定义："所谓复盘，就是当一件事做完了之后——做成功了或者没做成功，尤其是没做成功的，我们坐下来把当时这件事预先是怎么设定的、中间出了什么问题、为什么没做到，梳理一遍，之后再遇到类似的问题，吸取上次的经验教训。"

9.1 数据复盘是什么

"复盘"一词属于围棋术语，是指在下完一局围棋后，在棋盘上把对弈过程重演一遍，回顾总结这局棋有没有其他的下法，哪些环节有提升和改进的空间。下面从数据复盘的理论开始，揭秘私域社群的数据复盘方法。

9.1.1 数据复盘的理论基础

在很多项目中，为了达成一定的管理或组织效果，需要先行制定相关的运营目标。目标定好了，才能高效地对后续的目标管理和关键结果进行跟踪，对数据进行复盘。实战中常用的目标管理和目标跟踪理论基础就是 SMART 原则和 OKR 法。

SMART（Specific、Measurable、Attainable、Relevant、Time-bound，即具体的、可以衡量的、可以达到的、相关性、截止期限）原则既是为了使员工更加明确、高效地工作，也是为了给管理者对工作实施绩效考核时提供考核目标和考核标准，使考核更加科学化、规范化，保证考核的公正、公开与公平。

OKR（Objectives and Key Results，即目标与关键成果）法是一套明确跟踪目标及其完成情况的管理方法，是一套严密的思考框架和持续的纪律要求，旨在确保团队紧密协作，把精力聚焦在能促进业务成长、可衡量的贡献上。

O（Objectives，目标）：回答的是"想做什么"的问题，是定性的。好的目标应该是有时限要求的，简洁直白地陈述，能鼓舞人心、激发团队共鸣。

KR（Key Results，关键成果）：回答的是"如何知道自己是否达成了目标要求"的问题，是定量的。设计 KR 最具挑战的部分是如何把目标中定性的部分以定量的数字表示。

9.1.2 数据复盘的重要性

复盘是提升自己非常重要的一个环节。如果缺少复盘环节，运营团队能学到的东西就会很少，自我迭代的速度也会慢很多。

但是只看运营结果还不够，操盘手还要对规划和执行过程进行分析，看看哪个环节需要保持（继续做），哪个环节可以做得更好（开始做），以及哪个环节不再需要做（停止做），这就是复盘的意义。

复盘要做的一件比较重要的事就是陈述事实，一个有效的事后回复必须建立在"铁的事实"的基础上。如果事实难以被陈述清楚，则会导致复盘进展缓慢或无法深入下去。

一旦事实确定下来了，就要开始分析存在差异的原因。找出成功或失败的根本原因，然后进行规律总结：明白为什么会成功，哪些关键行为起了作用，这些行为有没有适用条件，对提高后续行动的成功率有没有价值，等等。

完整复盘包括4个步骤：目标回顾、结果陈述、过程分析、规律总结。

9.1.3 数据复盘指标（私域电商行业）

1. 流水体量：私域商品交易总额

一般来说，电商平台GMV是一定时间段内生成的所有订单的对应金额。GMV不是实际的交易数据，但具有一定的参考价值，对于资本市场而言，电商企业的快速增长远比短期利润更重要，GMV正是企业用于衡量增速的核心指标。

比如某公司一门店通过社群用户需求调研，结合线下门店用户产生的订单进行大数据分析，清晰地勾勒出了该门店的用户画像，并将高频爆款逐一罗列。在某次大促活动中，该门店借助每天主推一款爆品的策略，并采用私域朋友圈转发和点赞、群分享、创建社群、门店打广告、社区单页发放等线上、线下结合的方式进行宣传，为门店引流，推出了"一元菜""水果限时秒杀""海鲜限时特价秒杀"等促销活动。在这次活动期间，该门店锁定了同期200%的客流量，最终整体达成200%以上的业绩指标，取得了该公司内部门店目标达成率排名第一的好成绩。

提高 GMV 的方法有以下几种。

（1）为用户打上标签并进行分层，针对不同用户画像采取不同的活动方案

性别、年龄、喜好、需求等属性的不同，会导致用户的消费习惯、消费水平的不同，这会给企业的经营活动带来较大的影响。设置活动方案时，需要提前做好调研工作。对用户画像进行分析，在设置促销活动时，根据用户画像及运营目标制定促销策略，这样可以提前精准地锁定意向用户，保证运营目标的达成。

（2）打造场景感，形成大促活动氛围

通过海报、H5、自媒体等方式，在外部进行全域宣传，形成大促氛围，对用户进行消费影响。具体操作有设计并发布产品的效果对比图（突出产品质量、性价比、活动力度等）、真实销量图、不同时间段的销售达成率、使用情况的视频等。在上述案例中，朋友圈转发和点赞、创建社群、门店打广告、社区单页发放等宣传方式，能够使用户与本次活动产生互动，营造大促氛围，从而形成围观效应，提升曝光度，最终增大流量。

（3）活动价格刺激

最终的成交价格是用户消费的重要影响因素，合理的促销价格、秒杀活动能让用户在消费时心理上更容易接受，而社群的活动模式重点就是薄利多销，通过较低的活动价格刺激消费者，最终实现销售。当然，在设置活动时，也可以设置搭配销售、联动销售、返券等方案。

（4）饥饿营销

饥饿营销是传统活动常用的一种销售方法，在经营过程中以不同的活动形式对外展现，如秒杀、限量等，从而使用户快速成交。在上述案例中，限时秒杀就是一种饥饿营销策略，在快速达成交易的同时，还会刺激用户购买其他产品，同时品牌形象还能产生较高的额外价值。

通过以上方法，流量指标会得到很大提升。流量一旦形成，销售规模也会相应激增，GMV 自然会随之增大。

2. 用户体量：私域社群新增粉丝数量/新增社群数量

新增粉丝数量：日常私域社群运营中，一般会创建微信群或 QQ 群，社群维护管理过程中每增加 1 名成员，则为新增社群粉丝。

新增社群数量：一般认定 100 人以上、日活跃度 20% 以上的微信群或者 QQ 群为有效的社群新增数量。

做私域社群很关键的是建立一个有效的社群，建群一般分为以下 5 个步骤。

① 明确私域社群的定位

厘清所要建立社群的定位，分析自身朋友圈人群。要想建立一个有效社群进行商品分享，赚取佣金，那么首先要做的就是对自身建立的社群定位进行思考，该社群是聊天分享群、兴趣群、功能群、拼单群，还是其他类型的社群。同时对于 IP 打造、价值创造、资源的整合进行思考并确认。

② 匹配对应的用户，确定社群标签

厘清社群定位以后，要梳理自身的朋友圈，把有相同消费习惯、爱好、兴趣的用户分别拉到不同定位的社群中。对于社群和用户的标签，越细越好。

③ 设置社群运营基本框架

梳理社群运营的基本框架，如欢迎语、社群规则、IP 输出、活动节奏、互动话题等。

④ 利用社群运营工具进行社群促活

使用社群运营工具对社群进行促活，比如社群运营工具 SCRM 系统，该类工具具备群发、设置标签、积分、签到、发欢迎语，以及统计数据并实时查询进退群人数、活跃度等指标的功能。部分工具也可实现自动推品、拉新统计、发布群公告、设置群活码等一系列功能。通过对自动化工具的使用，可以节省人力成本和运营成本，同时能对社群进行有效促活。

⑤ 社群增粉

社群成立之初，群成员可以来自自身的朋友圈，在人数不够的情况下，可以采取一些增粉的渠道和方式，如使用微信的摇一摇功能、拉入社区成员、拉入体验款社群成员等，让社群人数增长。

3. 订单体量：私域订单量

私域订单量是指在特定时间范围内，用户通过私域下单的数量。

例如，某公司一门店的销售业绩连续 3 个月下滑，该公司与运营部门沟通后发现，销售业绩下滑的主要原因是用户进店量下滑。门店应对销售业绩下滑的主要方式为安排门店员工全员地推，通过线下门店活动吸引客流，但是对互联网营销工具重视度不够。

公司排查出原因后,立即安排业务培训部对该门店人员进行如何使用互联网营销工具相关内容的培训,同时与门店店长进行同类型门店销售数据分析。培训后,店长要求全员一方面保持地推,另一方面针对各自私域的朋友、忠实客户、所负责的小区创建社群,全员在完成门店线下引流的同时,进行线上私域销售。经过1个月的私域社群试运营,门店整体销售业绩比同期增长了200%,利润增长了100%。

随着科技的发展,用户有了更多的购物渠道,不仅可以通过线下门店体验,还可以通过线上渠道下单,足不出户即可购买产品,省时省力。互联网营销工具(如微信)在用户留存、复购方面起着重要的作用。

门店在接待用户、完成销售时,可以将用户拉入自己创建的私域社群,通过互联网营销工具,提供更多物美价廉的商品链接,有效留存用户。之后用户可能会通过私域渠道,给门店带来更多用户和销售订单。

提高门店互联网营销思维迫在眉睫。随着商业发展,用户可选择的商圈越来越多,各大商圈门店流量被瓜分,门店管理者与门店员工必须通过互联网营销的思维和方式提高用户黏性,扩大销售规模。可以说,在如今的商圈,没有互联网营销思维,门店的销售情况可能会越来越差。

互联网营销工具对订单量的提升有重大作用。门店员工及公司管理者通过互联网营销工具将商品分享给用户,用户通过小程序或微信进行下单。在选择分享的商品方面,可以选择秒杀商品、性价比高的商品,用户在享受优惠后,极有可能会在私域内购买其他的商品,这就对整体的订单量产生了促进作用。

互联网营销工具也可以双向引流。用户通过社群运营人员分享的商品链接下单后,销售人员与用户保持联系,通过日常社群运营,提高用户黏性,并将用户引流到线下门店进行场景体验式购物,这样即可在增加订单量的同时增加门店的流量。

4. 转化情况:私域转化率

私域转化率至少包括两个方面:引流转化率和消费转化率。

引流转化率是指引流时触达的用户真正进入私域的情况。比如引流时触达100个用户,10个用户进入了私域,则引流转化率就是10%。

消费转化率是指私域里的消费用户占全部私域用户的比例。比如私域里有

1000个用户,其中有100个用户下单购买了产品,则消费转化率就是10%。

举个例子,某母婴店采用包裹卡这种比较有效的方式进行引流,同时以奖品、优惠券和现金红包作为抽奖刮卡的奖项。包裹卡的引流效果非常不错,第一波的引流转化率就达11%左右。同时因为采用了抽奖刮卡促销方式(奖品以优惠券为主),用户添加店铺运营人员为好友后还会选择优惠产品进行连带消费,消费转化率达20%。

5. 核心用户情况:关键意见消费者发展数量

关键意见消费者(Key Opinion Consumer,KOC)虽不能称为KOL,但在垂直用户中拥有较大的决策影响力,并且带货能力强。KOC比KOL更接地气,更符合私域社群的属性。表9-1所示为KOC和KOL的对比。

表9-1 KOC与KOL的对比

对比项	KOC	KOL
身份	消费者	代言人
立场	与消费者统一战线	与品牌统一战线
作用	与品牌用户产生情感共鸣	营造距离感,提升消费者的消费欲望

基于对以上指标进行数据复盘,某公司推出了超级会员模式,打通了所有业务模块会员福利、运营与管理,通过一年的营销推进,超级会员比普通会员的客单价高出了300%,人均订单量高出了90%,全年平均购物频率高出了100%。在执行过程中,该公司所做的重要工作如下。

(1)会员升级,一账打通各业态

平台将各业态存量会员的资料统一进行管理,包括用户的个人信息、注册情况、资料管理、个人标签等,会员群体可在公司所有业态享受相关服务。同时该公司还拥有多业态的会员权益,极大提升了用户的便利体验。

(2)积分通用

大多数的会员体系中都有会员积分制度,会员可以通过消费产生积分,然后利用积分在平台兑换免费商品或者按照一定比例在购物时抵现。在本案例中,该公司在打通全产业会员体系后,会员的积分也被全面打通,这样用户就有了更多的选择。同时,公司能更加多样化地为会员提供服务,付费会员的福利较普通会员也会高出不少,比如拥有更灵活的积分制度、换取礼品或购物抵现时有更好的福利等。

(3) 超级会员等级特权

普通会员和超级会员一般作为公司的大类进行划分,但在二级划分中也会将超级会员进行等级划分,不同等级的会员能够享受的福利会有所不同。比如将会员等级划分为 V1、V2、V3,用户在新注册账号时为 V1,成为会员后,可以从 V2 或者 V3 等级开始积分。在会员等级提升方面,一般参考会员的购物金额、购买频率、用户评价、登录频次、信息资料、购买品类、退货次数等。高级别的会员甚至可以享受分销的佣金收益。

在私域社群项目目标数据复盘管理过程中,要充分将组织目标与个人目标进行统一,同时在大目标的前提下,分解小目标与各项专项考核,给予每位员工明确的考核指标。在工作过程中,还要不断地对方法、工具、组织进行迭代优化,驱动团队向着大目标方向共同前进。

9.2 如何做数据复盘

在数字化的时代浪潮下,企业都在做数字化转型和系统化结构重塑,在用户、流量、产品等维度开始进行数据化管理,用数据来看市场发展和未来趋势。当前私域社群营销与生活社交的联系越发紧密,同时也需要运用一些私域社群管理工具,通过分析数据去发掘潜在的商业机会,并且为私域社群拉新、引流、促活、转化、复购、裂变等进行效率赋能,源源不断地创造新的活力。

9.2.1 私域项目常用的系统及工具

企业中一般会用到私域运营系统、私域分销系统、数据中台系统、进销存系统、内容营销工具、精准营销工具等。熟悉相关的系统和工具将更便于理解数据的业务来源,并且能更好地进行数据复盘。

1. 私域运营系统

私域运营系统是指通过系统操作,对微信、QQ 等社群进行自动托管群发,定时发送预设的相关内容，既可以是文字内容，也可以是活动链接、早安晚安语等，是代替运营工作人员对社群进行管理的系统。

如果每个运营人员有 50 个以上的社群需要运营管理，一个能减轻运营压力的工具就显得尤为重要了，它代替人工向群友问好，为群友解决一些问题，并且能够分析群内人员的活跃度和流失情况，在无形中筛选出问题，从而帮助运营人员更高效地找到客户需求。

在私域运营系统中，运营方可以精准匹配用户的需求，可以更加精准地进行用户营销，还可以自动识别有同样需求的用户，并且针对分析出的不同类型的用户进行定制化的宣传和转化。在不断地维护中，数据管理可以比用户还了解他自己，进而节约更多的时间成本和人力成本。

2. 私域分销系统

私域分销系统是互联网营销的终端工具，可以通过链接、海报、小程序等方式进行商品推广，从而使分享者获取佣金。

私域社群越发离不开销售场景，而在销售场景中，品类的丰富度、文案的配套性、商品载体的便利性、支付模块的流畅性等都会在私域分销系统中体现出来。好的私域分销系统既能打通所有的销售环节，又能保持用户黏性和可持续性。

"互联网+"其实就是将信息技术与互联网平台充分融合，达到较好的资源配比，实现互联网行业与传统行业的深度融合，从而达到基业长青的商业结果。私域社群就如同一个载体，可以将传统商业和互联网连接在一起，进行公域和私域的联营，线上和线下的融合，实现高效的资源互通，并且打通私域分销系统的裂变通路。在私域基建的背景下，私域社群的管理和运营会围绕商业进行转化，私域分销系统便是转化的"集成者"和"路由器"。私域分销系统带来的销量对于企业而言也是增量，它增强了品牌的影响力，并且可以直接触达下沉市场。不管是高线市场还是县镇市场，都可以通过社群、私域分销系统保持增长量。

3. 数据中台系统

数据中台系统是利用一些数据库技术建立的一系列数据采集、数据处理、数据展示报表等系统，便于分析人员挖掘数据背后隐藏的规律，总结现象背后的原因，用以指导业务的健康发展。

在现代商业中，多数公司需要这样的数据中台系统。它的数据处理功能可以让企业在数据中找到发展的方向，找出企业的强势点和弱势点。同时可以通过数据中台系统实现多业务的数据获取、数据的二次加工，还能准时而准确地将数据进行通告。

数据中台系统的优势在于，简单、直接、自动化，能提升个人的工作效率，同时还可以规避手工填写报表产生的数据偏差和错误。特别是在零售企业里，对数据的二次处理和数据的通报会很频繁，需要不定时地发送或接收数据，这导致工作人员在工作实效上存在一定的不确定性，而数据中台系统可以 24 小时在线，只要将其设置好时间和相关操作，就可以满足处理数据的需求。

有了数据中台系统，很多商家就可以有更多的时间研究更内核的东西，不用把大量时间花在数据的二次处理上。

在一个较为完善的业务系统中，数据往往能得到直观的体现。现在很多企业都是以数据结果为导向的，数据的留存、查询、对比、汇总都需要一个系统综合整理计算，进而将所需的数据随时整理出来。在系统的内部处理中，同期、同比数据分析也是很重要的，这个数据能够直观地反映团队完成的进度和差异度。私域电商内部的数据也很庞大，而选择不同的维度，如用户画像、销售订单、用户互动、订单金额、品类分析等，将得到不同的数据，这个系统就像是部队的总指挥部，是整个私域电商运营体系的大脑，所有数据都汇聚于此。

4. 进销存系统

进销存系统是一种用于查询和管理库存数、销售额、利润、客单价、订单数等数据的工具，用来辅助供应链运营。

随着互联网的发展，货找人的模式逐渐替代了人找货的模式。在人找货的模式中，货物是中心，库存便是商家需要关注的关键数据。而在长线的私域电商管理和运营中，库存也是极为重要的方面。现在通常讲的公域和私域联营、线上和线下融合，将对实时库存提出更大的配合要求，所以这几年在传统进销存系统上又进化出了电商行业进销存软件系统。

电商进销存系统使订单处理更高效、财务数据更清晰、库存管理更规范。

电商进销存系统记录了从买家下单、卖家发货、买家确认收货，到企业库存、采购、物流、财务、售后等整个电商流程，通过对接多电商平台订单数据，快速更新多个平台数据，可以降低运营成本。

在订单、库存、进销存物料、客户信息登记、物流信息等数据记录中，通过机器调用或者记录，可以使数据更加可靠，能够有效地降低手动输入的错误并节省输入时间。

库存同步，不需要通过手动同步库存情况，客户和员工可以实时知道库存情况，有效跟踪订单情况，检测物流情况，对库存问题进行有效提醒。

5. 内容营销工具

内容营销工具是指通过互联网宣传端口，对品牌内容、活动内容和商品内容进行多种形式的宣传，增加互联网流量，并向私域引流的工具。

当下互联网的发展已经相当成熟，几乎所有的流量通道都可以在互联网上打开，宣传方式也有很多种。如果要更加全面地介绍自己的产品，就需要一个全面的商品页面。目前的私域营销中运用了一些载体，如微信生态、小程序或者H5，在商品页面里放置品牌内容、活动内容、商品内容、联系方式、优惠券、话题话术、用户证言等，以最直观的方式让用户感受品牌方要传达的内容。

6. 精准营销工具

精准营销工具可以通过后台大数据对用户、社群订单量、下单产品及社群环境、市场环境进行分析，并勾画出用户画像，通过精准营销进行用户触达。

对于精准用户，企业可以借用精准营销工具做提醒、触达，当下较为主流的是推送企业微信通知和公众号通知。在私域社群运营之后，企业可以通过数据中台系统来看用户购买了哪些东西、看过哪些内容，再通过数据来分析用户第二次购买的商品可能是哪些，找出其中的关联性。比如在家电类私域电商中，通过数据分析发现，购买空调的客户在一个月以后购买电视的概率很高，因此只要能够找到买空调的用户，在一个月左右的时间里和他产生交互，那么对关联销售会有很好的帮助。

在数据建模中，需要通过不断分析用户的购买行为，创建不同的数据模型，再和用户产生交互，这样才能产生较为合理的关联营销方式。目前的私域流量中，购买的用户或点击浏览的用户都可以追溯到数据，这样的数据都可以成为精准营销的一部分。微信公众号和企业微信让触达用户的方式变得更为简单，是与用户触达的载体，同时也是私域流量中非常好的营销工具。所以，很多 SCRM 厂商会将这类功能融合在他们的 SCRM 系统里面。

9.2.2 私域项目数据复盘的方法

数据分析贯穿整个私域社群运营，需要对私域社群的引流转化率、消费转化率、内容转化率、留存率、裂变指数等进行严密监控。因此私域社群运营人员需要具备优秀的数据分析能力，这样才能在私域社群运营过程中根据数据对运营效果进行判断，并分析其中的原因，从而优化私域社群运营的方案。

1. 确定数据目标

进行私域电商数据分析时，必须先确立数据目标，根据用户定位和运营目标监测数据对象。以私域社群内容为例，将编辑好的干货文章投放到私域社群，并吸引用户阅读，以此提高社群的活跃度，这时要关注有多少人看了投放的干货文章，即多少人点击了文章链接。此时较高的链接点击数就是具有重要价值的数据目标。

2. 收集运营数据

在私域社群运营中，常见的收集数据的方法就是借助私域项目常用的系统及工具来收集数据，一般数据分为流量类数据、交易类数据、用户类数据等。

流量类数据：了解私域用户增长及整个消费流程的第一步就是掌握私域流量的情况，通过每天按流量来源看导入私域用户数、留存率、导入转化率等流量类指标，可以关注用户对私域的感知情况，从而通过优化调整提高流量的质量。

交易类数据：可直观反映一段时间业务增长的变化情况，其中最重要的关注指标为 GMV。在交易类数据中，为了精准化运营，要关注销售流程中用户从加入购物车到下单、支付，再到最终订单完成的每个阶段的数据和转化率，这样才能准确地找到运营中的问题，并提高转化率。

用户类数据：包括用户行为、用户画像和用户价值分析，如私域用户数、活跃用户数、用户平均购买次数及用户复购情况等。用户价值分析可以建立 RFM 模型，找到高价值用户，进行 1 对 1 精准营销。

3. 建立关键运营数据库

在进行了数据收集以后，就要收集关键运营数据，并将该数据记录下来，建立关键运营数据库。

4. 分析与应用数据

收集运营数据后，便需要对这些数据进行分析。常见的数据分析方法有对比分析法、趋势分析法、交叉分析法和象限分析法等，进行私域社群运营时主要使用对比分析法和趋势分析法。

比如对同一期每天的文章点击率进行趋势分析，找出其中的谷值和峰值，这样便可以知道哪些内容更受社群用户的欢迎，从而确定社群用户更偏爱的内容主题。下一次选择内容主题时便可以根据数据分析的结果来确定，这就是对数据分析结果的应用。

5. 写数据复盘总结

着手写复盘总结之前，一定要想清楚，不是为了复盘而复盘，而是为了加快运营团队的自我迭代而复盘，是为了吸取教训、总结经验。这里分享一下丰田的5Why分析法。

丰田公司著名的连续追问方法——5Why分析法，又叫5问法，就是当出现问题时，连续追问5个"为什么"，以探究问题背后的真正原因，找出真正的解决办法。

丰田生产系统的设计师大野耐一曾这样评价："重复5次，问题的本质及其解决办法随即显而易见。"他还举过一个简单的例子。

问1：机器为什么停了？

答：因为超过了负荷，保险丝断了。

问2：为什么机器会超过负荷？

答：因为轴承的润滑不够。

问3：为什么轴承的润滑不够？

答：因为润滑泵吸不上油。

问4：为什么润滑泵吸不上油？

答：因为它的轮轴耗损了。

问5：为什么轮轴会耗损？

答：因为没有安装过滤器，混入了杂质。

最终找到了解决问题的方法：安装过滤器，阻挡杂质。

表9-2所示为项目复盘表参考。

表9-2 项目复盘表参考

类型	一级事项	二级事项	三级事项	关键指标	进度	运营优化	资料补充
复盘事项	引流	投放引流板块	数据分析	目标添加人数： 实际添加人数： 目标引流率： 实际引流率：			
			运营动作				
		包裹卡引流板块	数据分析	目标添加人数： 实际添加人数： 目标引流率： 实际引流率：			
			运营动作				
	转化	首单转化	数据分析	首单转化率：			
			运营动作				
		复购转化	数据分析	复购率：			
			运营动作				
复盘小结	数据总结： ① 总添加人数： ② 总销售额： ③ 转化率： ④ 总购买人数： ⑤ 客单价：						

每次复盘后，就要确认哪些环节要保持执行、哪些环节要停止执行、哪些环节可以做得更好等。团队最大的进步来自对日常工作的复盘总结、计划，以及开放的心态。

没有复盘，团队就会在同一个地方重复犯错，没有经验积累。只有不断复盘，团队才能不断进步。

第10章
拆案例

本章主要知识点

◇ 3个成交案例拆解：学习美妆门店直播社群成交案例、母婴电商私域成交案例、水果零食门店私域拓客裂变案例中的实操经验，将理论与实践更好地结合。

理论如果只是停留在知识层面，就永远无法解决实际问题。拆解案例，一方面可以回顾整个操作流程，另一方面可以在不同的情况下准确判断出用什么样的方法和思路。本章通过实操＋文案＋复盘数据来拆解 3 个案例，为大家策划社群活动方案提供参考。

10.1 美妆门店直播社群成交案例

本节拆解一个连锁美妆门店社群拓客及线上成交案例。该案例由线上团队操作和完成，商家进行线下配合，参与活动的门店一共有 9 家，由两位线上操盘手进行社群操盘。

10.1.1 案例背景

社群拓客背景：委托方为彩妆品牌，服务门店为彩妆品牌的合作门店，每个门店都是不同的商家，由彩妆品牌进行统一对接沟通。

品牌方的目的：销售套餐卡，引流拓客，老带新。

线上社群裂变效果为 9 个群，1039 人（其中有 100 人左右为重复社群人员，如管理员、群主和"水军"）。线上成交 59 元彩妆卡 67 张。私域成交转化率约 7%。

10.1.2 案例方案关键点

美妆门店的情况：商家基本处于三、四线城市的商场中，有些是刚开业的；以护肤品为主，并且商家微信中沉淀用户较少，而目标用户经历了很多护肤、美妆产品的促销活动，对产品价格敏感度较高。同时该美妆品牌为全新品牌，线下没有实际销售过，属于第一次尝试私域社群营销。

前期进行了人员安排和项目进度沟通，并且为其中的每个环节都确定了第一负责人，团队也与品牌方进行了详细的沟通。

（1）制作项目排期表时需要注意的事项如下。

① 甲乙双方需要明确第一对接责任人。

② 双方需要明确活动的目的和配合调配的资源，如微信朋友圈流量、公众号

用户、商城流水、商家前期情况等。

③ 双方在对接中要认真及时地反馈并复盘对接情况，形成战斗小组模式。

④ 对员工的激励模式要确定且有效，从而充分激发员工的动力。

（2）在做社群拓客裂变服务之前，需要操盘手做的事情如下。

① 制作海报和素材。

② 确定发圈文案和 IP 人设定位。

③ 创建操盘手文档。

④ 制定社群活动方案。

⑤ 在具体实施之前，要对店家进行详细的调研和培训。

培训的必要性在于能够更好地协调和同步商家的思路，以及跟商家沟通好活动的步骤和需要商家配合的部分。商家如果有其他的问题，也可以在线上提出来，操盘手可快速予以解答。

（3）培训商家有以下几个步骤，并且准备了对应的 PPT 进行展示。

① 提出为什么要做社群营销，引起商家的重视。

② 分析用户画像。

③ 给用户分层。

④ 讲解如何给用户打标签。

⑤ 讲解如何做好用户分层。

⑥ 讲解流量并非留量。

⑦ 讲解如何配合社群营销人员做好一场活动前的准备工作。

⑧ 讲解如何把自己的用户留在群里。

商家首先要把自己的用户筛选一遍，将经常来门店的用户和不经常来门店的用户以标签标注。

来门店比较少的用户属于需要二次唤醒到店的用户；偶尔来几次的用户属于要攻克的用户，找到原因并给予足够的"诱惑"（如赠礼、优惠券、活动体验），让用户经常进店；没来过的意向用户，属于活动中需要唤醒和拓展的用户，通过一场营销活动让其产生到店的想法，从而使其进店充值或消费。所有活动用户都需要做分层，越精细，产生的效果越好。

这次活动共有 9 个商家参加，发圈文案采用的是店主的身份，并将他们包装成了美妆和护肤达人店家。活动之前，笔者团队对此做了充分的内容准备。

（4）发圈注意事项如下。

①选择适合的时间点，发圈内容要尽量跟店主的风格吻合。

②商家开始营销活动之前，需要做预热铺垫。

③选好发圈时间，朋友圈多发用户见证。

④发圈文案和宣传物料要配套。

（5）私聊注意事项如下。

①给用户打好标签，根据精准标签分组发圈。

②私聊时尽量提及和过往的交集、店里的情况，并询问用户近况如何，然后切入活动。

③告知用户参加活动。

社群活动话术在整个社群活动里非常重要，包括操盘手话术、"水军"话术等，操盘手话术是整个社群活动的核心。在做社群活动话术文档时，最好细化到什么时候发红包、什么时候发通知、什么时候发表情包等。当每个时间节点的 SOP 都形成以后，只需要按照节奏进行就可以了。图 10-1 所示为社群活动话术文档部分截图。

```
上午10点：
水军：
A：求助求助：我是新手小白，化妆时要不要用妆前乳啊？什么时候用？
B：我也没用过妆前乳，据说是要用的吧？
C：好像是在化妆前使用的~

操盘手：
化妆小提示：妆前乳虽然能使肌肤平滑，但是大多含有硅，这种成分会堵塞毛孔，建议在皮脂分泌多的部位（额头、鼻子、两颊）少量使用。
油皮尤其要注意这点。妆前乳用量过多的话，在皮肤出油之后，粉底从毛孔里涌出来，脸上一颗颗的浮粉，会让妆容显得非常脏。

下午3点50分：
签到红包（1元40个）

秋天虽然不能给你送一杯奶茶，但我可以给你送一片面膜呀~
我们的第二次福利活动又要开始啦！发一个你最爱的表情包，让我看到你们的存在！

下午4点：
群公告：
国庆出游、宅家，撸个面膜来试试~免费送面膜，快来参加吧！签到啦签到啦！

游戏规则：5道单选题，每道题目最先答对的2人（系统会延迟，以我的截图为准哦）将获得我们的面膜一片奖励哦！多答多得~领取时间 ▓▓▓▓▓▓ 到店领取。

准备好了的来敲个1~
```

图 10-1　社群活动话术文档的部分截图

在制作社群活动话术文档的同时,还需要设定好"水军"的话术。"水军"的话题对于整个社群的气氛有着非常重要的影响。整个社群运营过程中,9个群一共用了两个操盘手,同时有两个店家不配合,并没有完整地参与整个社群活动。

本案例在裂变排期上做了以下设计。

用户进群后马上进行社群裂变(邀请有礼,到店领取)、答题有奖(活跃气氛,增加到店人数)、直播课程(活动主题,联动后期成交),进行群接龙成交(限时转化名额)。做社群的环节,一定要记得整理好信息队形,让用户尽量多地回复信息,如图10-2所示。

图 10-2　整理好信息队形

这次活动主要使用群接龙的方式进行转化成交。群接龙操作简单,速度也很快,当看到有很多人接龙时,其他用户就会跟着接龙,这样的氛围有利于提高转化率。

与此同时,店家跟进转账付款情况,这样可以提升成交率。

在追单环节,首先启动课程直播,教大家怎么化妆。在讲解完化妆技术以后,回到社群进行成交。图10-3所示为转化成交环节的话术,主要作用是营造限时优惠抢购的氛围。因为成交价格不高,所以转化效果不错。图10-4所示为活跃造势时的社群签到效果。

图10-3 社群活动成交环节话术部分截图

图10-4 社群签到

在促进用户活跃的环节,多次采用答题有奖活动进行促活,题目设计都是针对本次销售的产品的,可提高用户的到店率。

整体环节设计上利用了 AARRR 模型,针对用户的生命周期管理进行设计。从 AARRR 模型中的用户获取、用户激活、用户留存、获取收益 4 个部分进行了架构梳理。

用户获取:通过线下门店的初始用户获得了第一批流量。

用户激活:激活方式为邀请有礼裂变和答题有奖活动,这两种方式的结合,大大提高了用户的活跃度。

用户留存:通过以上环节的设计,给用户以预期,让用户能留在社群里并收看直播。

获取收益:通过直播课进行社群的成交转化,可以让商家获得收益。

在整个活动中,配合度高的门店,营销效果非常好,而配合度很低的或者有抗拒心理的门店则较难达到预期的成交转化效果。因此这次活动中还设计了门店需要配合的导图,让门店知道自己需要做的事情和内容。

这次活动线上的团队和操盘手完全是以线上方式在外地进行社群操盘,没有到现场进行督导,节约了很多时间和其他成本。这种方式能够更快速地达成目的,并且模式可复制。

整体环节设计上,从社群活动到直播课程,再回到社群进行促单成交,各环节进行得十分流畅。直播+社群成交是一种非常好的转化裂变模式。

社群追单中要注意使用"限额""最后福利""仅此一次""很多用户都买了""还有××小时活动截止"等话术,可以先聊生活,再谈活动要截止了。

追单其实是整个环节中非常重要的一个部分,此次活动中成交人数比较多,但在最后追单时,也转化了不少用户,在最后时刻下单的用户也是非常珍贵的。

10.1.3 案例数据复盘

做完活动以后还要做数据复盘,这样可以加深对现有用户的了解,同时对活动进行优化,方便指导以后的活动和方案。

此次活动的数据如表 10-1 所示。

表 10-1 活动数据

数据项	门店1	门店2	门店3	门店4	门店5	门店6	门店7	门店8	门店9
朋友圈发布数量	24	16	22	18	29	36	36	未参与	未参与
社群基础人数	90	188	102	120	50	88	190	未参与	未参与
朋友圈海报扫码进群人数	60	77	66	57	33	47	130	未参与	未参与
社群裂变人数	80	90	76	98	45	23	46	未参与	未参与
参与直播人数	30	35	22	23	13	18	41	未参与	未参与
点击浏览用户	75	87	95	107	35	32	128	未参与	未参与
成交下单用户	7	10	8	11	8	11	12	未参与	未参与

在进行数据复盘的过程中,首先要根据数据进行转化率、裂变率的判断,从而得出转化较好的店铺和较差的店铺,并总结出现此类问题的原因。

由数据可以看出此次活动每个门店的进群率、裂变率、转化率。在分析其中原因时,可以结合活动中社群活跃度、社群运营情况等得出相对应的结论。数据分析的关键不是将数据罗列出来,而是根据数据得出策划活动的经验,从而指导下一次活动能更好地进行。

此次活动数据复盘后的问题如下。

（1）人员问题。因为"水军"是临时组队的，培训不是特别到位，这导致有时问题还没有问完，"水军"就抢答或者"水军"得到了奖品等情况。

（2）沟通衔接问题。沟通中因为是品牌方联系商家，中间衔接不到位，沟通不顺畅，活动中经常出现一些沟通上的问题，导致运营方案无法推进（比如有两家门店临时不参加活动的情况）。

（3）成本增加问题。转化环节完成后，为了追单，设定了成交以后能够得到抽奖机会，但这对促单的影响并不是很大，还增加了服务和对接成本。

可复制的商业模式如下。

在执行活动的过程中，需要先进行店员培训，根据店员培训情况适时给予单独指导、监督，每个动作要求按照标准执行，可以给店员设置卖卡激励体系。对品牌来说，最怕的就是不知道怎么让代理商或经销商把货卖出去，因此每年都会有很多的推广费花在帮助经销商销货上。社群营销作为一种新颖的手段，可以赋能传统门店，增加到店用户数量、老带新裂变；还可以在线上做预售和成交，引导线下品牌升单和销售。

10.2 母婴电商私域成交案例

本节将拆解母婴电商私域成交案例，约 700 人的社群，转化率竟达 58%。

10.2.1 案例背景

这次项目的委托方是一个二类电商的母婴品类商家，可以自主发货及拥有 IP 人设，每天都有订单产生。该商家之前做了一些拉群的尝试，但因为没有维护，社群就渐渐不活跃了，结果导致很多粉丝流失。这也是很多店家和社群新手容易出现的问题。

接到委托时，该商家私域的搭建是从零基础开始的，只有一个社群运营人员配合工作，因此准备工作和搭建工作需要笔者团队来进行项目"陪跑"。好在他们每天有稳定的订单，可以采用包裹卡方式进行引流。

因为之前该商家是通过直播电商进行成交的，采用的是客单价较低的爆款引流策略，所以吸引用户到私域中也有一个诉求，即除了购买绘本，还要提高用户的客单价，销售一些周边相关的产品，创造更大的用户价值。

10.2.2 案例方案关键点

在收到项目需求的第一时间，一定要先想清楚项目如何搭建。社群的搭建规划如图 10-5 所示。

1. 搭建框架和常规运营	2. 群门槛、社群的主题设计	3."水军"活跃气氛	4. 策划活动
做社群一定要有基础框架的运营能力，首先要做好顶层的规划和设计。	设计好群门槛和社群的主题，从细节入手，操作流程尽量"傻瓜"式并且可标准化。	每个"水军"都是社群的灵魂，好的聊天高手能促进社群的成交并延长社群的生命周期。	策划社群活动，让用户参与活动是很重要的一环。

图 10-5 社群的搭建规划

图 10-6 所示为母婴私域流量搭建流程。

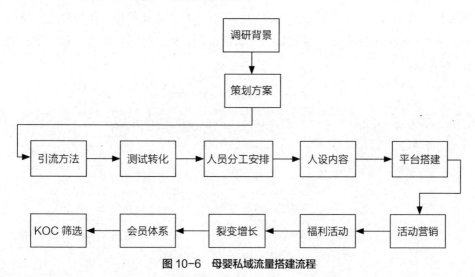

图 10-6 母婴私域流量搭建流程

考虑到对方运营 + 上架 + 操作都是由一个人来执行的，所以整个案例在尽量减少运营工作量的同时，照顾到社群氛围和成交转化率。

在私域电商的整体流程中，拉新环节利用了短信、包裹卡、平台信息来引流；留存环节利用了人设、朋友圈、"种草"、推荐、社群抽奖、话题互动等，与用户进行交互；在转化环节使用了秒杀、优惠券体系；在裂变环节利用了拼团。

每个社群在搭建初期一定要先做框架体系和梳理思路。在整个准备的过程中，要梳理清楚私域社群的目标是什么，以及用什么方法达成目标。整体搭建过程中，前期跑通拉新、引流和留存环节，这样退群率会相对较低。

笔者的带教团队在辅导母婴社群运营过程中，将模块化的细分任务安排给商家的社群运营人员来执行。带教团队针对母婴社群做了详细的日常运营规划，社群运营人员每天可以根据情况调整运营动作，不要求每天按照固定内容格式进行运营，可以自由发挥，但是操作要点不可少。

作为一个母婴类的社群，话题、热点和"种草"是必不可少的，因为这些可以很容易引起妈妈们的共鸣。尽量不要让用户认为这是一个单纯的卖货群，而要让用户相信这个群主是来推荐好的绘本、与大家交流育儿理念、把优惠的好产品带给大家的。

这样一来，妈妈们在公域可能是买绘本，但在私域就会买玩具、书桌等产品，这就是私域的延展性。除此之外，商家还可以根据需求来满足一部分用户，而这部分用户会反向"种草"推荐给更多的妈妈，这种方式比较容易让用户产生满足感，同时也能让更多好的产品被购买。做社群规划时，社群的常规运营执行表如表10-2所示。

表10-2 社群常规运营执行表

常规时间	社群常规运营执行内容	
上午8点—9点	引导签到	群内文字+链接，引导点击
上午9点—10点	每日"宝贝"分享	文字+图片/短视频
	"水军"活跃气氛	引导互动话题
下午2点—4点	上新	商城有更新，及时在群内通知
	产品知识分享	绘本+母婴好物
	群内日常+话题	讨论母婴相关好物+日常

续表

常规时间	社群常规运营执行内容	
晚上 7 点—9 点	"宝贝"日常分享	
	晒单	引导客户晒单
	发布活动信息	根据活动时间,提前宣传

将社群的常规运营整理成表格后,下一步将在搭建框架的基础上进行细化。

表 10-3 所示为活动预热阶段活跃社群气氛的参考话术和话题,可以在网上找一些关注度非常高的话题,这样更容易引起用户的共鸣。

表 10-3 参考话术和话题

预热阶段预告活动信息话术	预热阶段话题清单
快到六一啦!××妈妈也给大家送福利来啦!六一当天活动从下午 1 点开始到晚上 10 点,××秒不停,还有最新最好的×× 等你来!每小时 1 个爆款秒杀,最低 0 元!(限额)先到先得!记得要来啊!	你们给孩子买什么绘本? 宝贝喜欢什么样的绘本? 小孩要怎么教育? 有没有小朋友的防蚊产品? 六一去哪儿玩?给孩子买了什么礼品? 大年龄的读书问题 小年龄的行为习惯问题 报了什么特长班? 小孩子容易被欺负怎么办? 生不生二胎?

社群活动的目的很多,但是最终离不开促活和转化成交。

在这次活动中,很重要的就是怎样搭配不同的形式和玩法,让用户不觉得腻。每周三是固定的秒杀日,周五是拼团日,平时不定期做小福利赠送活动,这样能够快速地激活社群。大家都习惯在周三、周五来参加活动,同时这两天也是销售量最高的时候。当然,如果遇到当月有额外的节日,可以安排大型节日活动。

做活动的 SOP 时,可以先按照时间顺序制定活动过程中的要点,用思维导图的形式列举出来,这样所有人都能清晰地执行。完成思维导图的设计以后,再针对不同的时间点精细化地设计具体操作的执行话术。表 10-4 所示为其中一天的社群 SOP 执行话术。

表 10-4 社群 SOP 执行话术

时间点	活动阶段	阶段主题	执行动作	执行话术
9：00	社群公告	宣布今日全天整点秒杀活动于下午1点开始，持续到晚上10点 中间会有0元秒杀福利款	发群公告，发2元红包，设置数量为20（封面文字为"六一快乐"）	亲爱的大朋友、小朋友们，六一儿童节都快乐呀！ 在这个欢乐的节日里，大家准备怎么跟小宝（神）贝（兽）们一起过节呢？ 今天，××妈妈早就给大家准备了期待已久的秒杀活动，把你们之前提的好物都来秒杀一遍啦！（发"种草"的产品海报） 你们猜猜看，今天会有多少个超级福利呢？ 哈哈，一共有×个哦！今天的秒杀活动我们从下午1点开始，上午时间是亲子游戏时间，在的人回复：下午1点秒爆款，一起期待吧！
9：00—12：00	活动预热	社群话题+互动+红包	发红包（红包封面文字为"下午1点秒爆款"）	回复"下午1点秒爆款"
12：30	倒计时	红包游戏：如手气最佳者可获得礼品/优惠券	发红包（封面文字为"半小时倒计时"）	哒哒哒！今天的活动是每小时秒杀一个限量款，所以先让大家玩个小游戏练练手。参与的回复1！ 【活动规则】红包的手气最佳者，可获赠××礼品一个。 3、2、1，开始！ 哈哈，恭喜@×× 中奖！厉害了厉害了，这个手气，下午1点秒杀××，我看没问题！
13：00	产品秒杀	更新商品	秒杀开始啦！今天给大家推荐的第一个福利款，那必须是重磅爆款，它就是我们直播间卖脱销的××（介绍产品）	还是老规矩。3、2、1，正式开秒，限量××份！先买先得，拼手速！ 【下一场秒杀下午2点开始】

续表

时间点	活动阶段	阶段主题	执行动作	执行话术
14:00	产品秒杀	更新商品	上一个秒杀品大家抢到了吗？	哈哈，第二个福利款马上要来啦！今天每个小时秒杀一款，下午4点和晚上8点还有0元秒杀哦！千万要记得关注群通知，来捡便宜哦！因为限量，我们几个群一起秒，所以手速太慢的话，可能会抢不到哦！（推荐产品）
15:00			来来来，下午3点的秒杀要开始啦！发一个你最喜欢的表情包，让我看到你们的热情！越热情，放的福利越大！	下午3点我们秒杀的是××（中间过程穿插社群互动，可以引导已抢到产品的客户进行社群分享；"水军"造势）
16:00	0元秒杀	福利时间，0元秒杀库存款	发红包（封面文字为"0元秒杀开始"）	下午4点0元秒杀活动准备开始，还有一次是在晚上8点哦！限量×份，先买先得。我喊3、2、1就开始了哦！这次限量×份，还是抢完就没的爆款，抢到的宝妈可以来群里晒晒截图，让我们沾一下"锦鲤"的好运！
17:00			发红包（封面文字为"0元秒杀开始"）	这次给大家"种草"的5点秒杀品是×××
18:00	产品秒杀	更新商品	—	哈哈，今天秒杀得过瘾吗？马上又到6点场了，拼手速的时间又到啦！
19:00			—	7点我们上的××款，真的好多宝妈要求我上啊！下一场是8点场，马上就是0元爆款秒杀了！记得来抢呀，机会平等，拼手速啦！
20:00	0元秒杀	福利时间，0元秒杀库存款	发红包（封面文字为"0元秒杀开始"）	让我看看哪些好运的宝妈抢到了，来晒晒喜气吧！没抢到的宝妈别着急呀，9点场还有更精彩的××等着你们！等会见！

续表

时间点	活动阶段	阶段主题	执行动作	执行话术
21：00	产品秒杀	更新商品	发红包（封面文字为"0元秒杀开始"）	预告：六一儿童节假期快结束了，还有2款秒杀活动就结束，赶紧跟我一起看看秒什么吧？ 等会还有最后一款，预告一下（发最后一个秒杀品相关信息）
22：00			—	今晚最后一个爆款来啦！宝贝们都进入梦乡了吗？ 最后一个我们来秒杀××
活动结束	活动收尾	社群公告+感谢红包	感谢宝妈们的支持！六一儿童节快乐！让我们享受和孩子一起畅游童书世界的乐趣吧！今天秒杀场全部结束！感恩遇见，非常感谢大家的支持！	今天的秒杀活动忙忙碌碌，但是非常感谢大家的支持，很多妈妈都跟我私信，说今天因为陪孩子太忙，没有抢到。 我非常体谅妈妈们今天陪孩子玩的时光，于是，为了给孩子们一个完整的六一儿童节，我力排众议，下了一个决定，那就是： 明天除0元款外，会员日将所有爆款返场销售，不限量，不限时！从上午9点到晚上12点，按照今天的秒杀价格就能买到！ 还没有买到的妈妈们、意犹未尽的妈妈们，你们的福利来了！ 明天上午9点，我加班给大家上架今天的爆款，大家尽情买买买！明天上午不见不散！

有了大的框架思维，同时又有了流程操作细节，那么整个方案可以方便项目人员进行统一的信息同步和社群操作。

当然，这个话术方案可以交给社群运营人员去执行，因为细节动作是非常到位的，运营人员只需要改动文案排版、表情、产品内容等，就可以形成一套标准的活动操作流程。

10.2.3 案例数据复盘

在做社群的时候,操盘手需要紧盯的数据包括新老用户数量、GMV、转化率、客单价等。

在这次活动中,微信群发3000人,其中约700人进群,转化率为58%。

对于一个流量不是很大的项目,重要的是建立让用户感到舒适的社群环境,让社群更活跃,而不是过度营销。精准的用户更容易延长社群的生命周期。

当然,在后期规划中,有稳定的粉丝基础以后,做用户增长才会更有效果。因此,后面的社群运营中可以安排快闪活动+会员体系,之后会有新用户的获取,以及更高的GMV增长。社群运营规划一定要循序渐进,多给予用户价值,与用户建立信任关系,这样用户才更容易下单。

针对这次母婴产品的社群活动,复盘之后可以得到以下经验。

1. 第一个经验

活动的话术和操作要注意细节,如发朋友圈后要先让用户点赞互动,再告知把他拉进群的时间;发圈不要太频繁、太急切,要以"种草"、预热、发布惊喜等方式循序渐进地进行。

2. 第二个经验

做活动时预估信息尽量符合实际情况。如果预估的进群人数过多,则会导致中奖率过高,从而增加了活动成本。由此得到教训,预估人数一定要稳扎稳打,预估太多或者太少,都会影响用户的心情。

3. 第三个经验

母婴群天然拥有较高的活跃性,所以需要关注群里的消息,及时回复信息。一旦有用户发了关于产品的负面消息,就要及时处理,以免不良影响进一步扩大。

4. 第四个经验

很多基础的运营人员都不具备聊天技巧,其实做社群最重要的就是聊天,聊天话术、聊天主题的设计都要用户化、生活化，让用户真正感受到是一个亲切的人在为他们提供服务。有经验的社群运营人员会对社群运营节奏和社群氛围把控得很好。如果做不到，则可以按照 SOP 来做，这样也能保证收获不错的转化率。但是切记，不要设计太难的操作让用户思考和完成，较为简单的秒杀和拼团活动可能就足够了。

10.3　水果零食门店私域拓客裂变案例

本节将拆解水果零食门店私域拓客裂变案例，最终达成了增长 2 倍以上的裂变效果。

10.3.1　案例背景

委托方：水果零食店，位于二线城市的开发区，小区附近的门店，占地约 200 平方米。平时以销售零食、鲜果为主。每天进店用户为 200~300 人。

店里顾客组成：宝妈、40~50 岁的女性。

近 3 个月经常做的活动：线下低价引流，线上秒杀活动引流。

目前微信私域用户数量：450 人。

店员数量：7 人。

委托方需求：通过社群裂变方式，吸引新客到店，增加店内流水，同时开展社群团购活动。

活动数据：2 天时间，71 人进群成为种子用户，裂变后社群中共有 236 人。共有 4 个新群参与了裂变活动，拓客 800 多人，后期将长期进行线上团购销售。

10.3.2　案例方案关键点

水果零食店的客单价在 30 元左右，毛利相对很低，因此在做社群拓客活动时需要多考虑获客成本问题。本次拓客活动选用了女性喜欢的网红水杯、雨伞及水果作为主要奖品。

表 10-5 所示为本次活动的流程。这次活动的主要目的是拉新和吸引用户到店，故将成交环节设置得比较简单，以到店充值及消费为主。

表 10-5 活动流程

时间	执行动作
9月8日晚上7点	发圈、建立福利群
9月9日上午8点	社群号介绍活动，邀请用户进群
	群发通知，将活动信息发圈
	欢迎加入会员福利秒杀群，满百发红包 邀请【邻居】3人进群即可免费得价值10元的网红水杯一个 邀请【邻居】5人进群即可免费得价值20元的折叠伞一把 邀请【邻居】15人进群即可免费得价值38元的哈密瓜一个（3~4斤） 每人/号凭邀请兑奖微信到店，仅限领取一款奖励，不叠加 【有效邀请统计截止时间】 9月10日晚上7点（统计时请保持当时所有邀请人都在群内） 领取时间：9月12日—9月15日 【本群今晚爆款秒杀，明晚发布惊喜福利大礼包，记得邀请好友并置顶关注群噢！】
9月9日下午6点	"水军"话题：活动什么时候开始？有什么福利呀？
9月9日 晚上8点50分	发5个红包，每个红包的手气最佳者到店可以以1元领取咪咪300g或者冰激凌蛋糕一盒~ 开始爆款秒杀活动
9月10日中午12点	氛围组引导话题
9月10日 晚上7点	邀请进群免费赠礼活动已截止！我们已统计大家目前邀请进群的有效人数，请大家凭邀请微信号到店领取。因为要核对领奖信息，【务必保持领取时所有邀请人还在本群内噢！】领奖时间：9月12日—9月15日
9月10日晚上9点（线上发售月度付费会员卡）	9月会员权益：（9月12日—10月12日） 线上专享，8次团购让利活动，每周1次1元秒杀活动，会员专享让利价 一等奖价值50元充值卡一张，二等奖满25减4元的零食满减券，三等奖纸巾一包。人人有奖~ 认购方式： 点击下方群接龙，转账给我14.9元，即可进入福利月卡会员群，抽奖享受会员权益
9月11日	全天追单，晚上会员群抽奖
9月12日	正式开始享受会员权益

活动方式是前 3 天发圈预热和筹备，通过群发告知用户活动信息。

发圈主要为了通知用户福利活动，群发则用了消息 + 二维码的方式邀请用户进群，并为积极活跃的用户打标签。

发消息的时候，前面用"限时""限量""福利""马上"等词汇，直接带二维码，效果会更好。

邀请话术一定要精准、简短，能把时间、地点、活动方式说清楚即可，同时一定要注意措辞和排版，并充分运用表情图标、突出重点。

◎ 9 月 9 日下午 6 点氛围组开启话题，如活动什么时候开始、有什么福利等。

同时采用 3~4 个"水军"来进行话题互动。

还有一个场景会带动社群邀请裂变，那就是截止通知，这个也是一个能明显带动用户邀请好友进群的方式。

◎ 9 月 9 日晚上 8 点 50 分发布群通知：发红包签到。

参考话术：我会发 5 个红包，每个红包的手气最佳者可以到店领取 ××。

秒杀方式：下面我们要开始进行爆款秒杀活动啦！

红包手气最佳非常适合进行社群促活。这次活动中，红包手气最佳活动不仅增加了到店用户，同时提高了社群的活跃度，活跃的社群是比较有利于成交的。因此这里设置了红包手气最佳活动进行促活。做活动前一定要想好活动的目的是什么，不要盲目地为了做活动而做活动，否则对目标的达成没有多大意义。

由此可见，抽奖、拍一拍、群接龙、有奖问答等方式也可以做促活活动。

◎ 9 月 10 日中午 12 点，氛围组进行引导。

氛围组使用的参考话术：我邀请人数足够了，什么时候可以领取？我的人数够了吗？还差几个？店地址在哪儿呀？能不能代领呢？

需要注意的是，离活动结束只剩半天时间了，可以利用群里"水军"活跃群内气氛，让用户继续邀请好友进群。

◎ 9 月 10 日晚上 7 点：因为要核对领奖信息，所以务必保持领取时所有邀请人都在本群内噢！

需要注意的是，推送通知会让用户产生急迫感，从而会更积极地邀请好友进群，此方法百试不爽。

◎ 9 月 10 日晚上 9 点：社群成交环节，成交以后社群非常活跃，同时社群成交人数也达到了目标效果。

成交方式：群接龙 + 转账付款。

◎ 9月11日：全天进行下单群接龙，促单。同时通知用户：【本群不解散】后期还会有更多精彩福利、秒杀活动和红包，记得千万别退群噢！

后续选取了几款爆品进行团购，并以群接龙 + 转账的方式进行销售，同样在裂变的群内获得了不错的转化率。

10.3.3 案例复盘总结

社群活动中，如果店长或店员不配合，那么营销效果肯定会大打折扣。这次活动由操盘手用店家手机进行拉用户进群和执行社群活动操作。操盘 + 设计方案共用了一周，时间紧迫，涉及门店的环节较多，因此活动中需要改进的地方也很多。

有实战才有结论，这次活动也是如此。

复盘整个社群活动，其中用户的活跃度很高，但因为产品的利润比较低，所以活动环节要设计得既有效果，又能盈利，并在线下对接了会员充值的活动。

针对这次水果零食门店私域拓客的社群活动，可以得到以下经验。

1. 第一个经验

让用户感受到运营者的真诚，活动过程中发福利要及时，积极与用户沟通，勇敢面对所有可能出现的问题，如活动中出现规则漏洞、工具问题、发布信息错误等情况，社群运营人员要第一时间跟用户解释清楚，并及时提出解决方案。

2. 第二个经验

每个项目和社群都有自己的基因，操盘手需要根据不同的项目情况选用不同的社群运营方法。每个活动都不能千篇一律，如果每次活动都完全按照做过的活动来执行，则不一定每次都能产生好的效果。我们可以根据之前的活动和数据总结经验，作为下一次活动的参考。

3. 第三个经验

内容运营 + 活动运营才可能等于一个完整的私域。社群搭建过程要完整体现内容与活动的结合。活动的海报和文案是精髓，社群运营人员对每张海报、每句文案的措辞都需要认真、反复推敲，保证活动时每句话都能向用户传递准确的信息。这次活动中，由于措辞问题而没有将信息表达清楚，因此导致后面开展活动时，社群运营人员需要向用户逐个进行解释。

4. 第四个经验

社群运营人员在拓客活动中要及时关注数据变化，调整活动的规则和策略。此次活动中，店家规划收取少量会员费办卡，但在调研的过程中，社群运营人员发现，用户普遍不愿接受收费办卡的方式，因此将方案临时修改为办会员卡，这样使活动获得了不错的效果。